Zu diesem Buch

Die heutige Arbeitswelt fordert ihren Preis: Immer mehr Menschen mit einem Burnout-Syndrom suchen Hilfe in einer psychotherapeutischen Praxis oder in einer Klinik. Das vorliegende Manual geht genau auf die Bedürfnisse von Menschen ein, die sich ausgebrannt fühlen. Das variable Modul-System eignet sich sowohl für den Einsatz in Kliniken als auch für Psychotherapeutische Praxen, für Gruppen- wie für Einzeltherapie.

Stefanie Weimer, Diplom-Psychologin, ist Psychologische Psychotherapeutin; sie arbeitet an der Frankenalb-Klink Engelthal im stationären Bereich.

Maureen Pöll, Diplom-Psychologin, ist ebenfalls in der Psychiatrischen Institutsambulanz der Frankenalb-Klinik Engelthal tätig.

Alle Bücher aus der Reihe ›Leben Lernen‹ finden Sie unter:
www.klett-cotta.de/lebenlernen

Stefanie Weimer
Maureen Pöll

Burnout – ein Behandlungsmanual

Baukastenmodul für Einzeltherapie und Gruppen,
Klinik und Praxis

Klett-Cotta

Leben Lernen 250

Klett-Cotta
www.klett-cotta.de
© 2012 by J. G. Cotta'sche Buchhandlung
Nachfolger GmbH, gegr. 1659, Stuttgart
Alle Rechte vorbehalten
Printed in Germany
Umschlag: Hemm & Mader, Stuttgart
Titelbild: Pablo Picasso: »Figure au Corsage Rayé«, 1949 © Succession Picasso/
VG Bild-Kunst, Bonn 2012
Gesetzt aus der Minion von Kösel, Krugzell
Gedruckt und gebunden von Kösel, Krugzell
ISBN 978-3-608-89123-2

Bibliografische Information der Deutschen Nationalbibliothek
Die Deutsche Nationalbibliothek verzeichnet diese Publikation in der
Deutschen Nationalbibliografie; detaillierte bibliografische Daten
sind im Internet über <http://dnb.d-nb.de> abrufbar.

Inhalt

Vorwort: Burnout geht uns alle an 7
Thomas Kraus

1. Einleitung 9
   1.1 Wichtige Hinweise zur Nutzung des Manuals 10

2. Theoretisch-wissenschaftlicher Kontext 12
   2.1 Verhaltenstherapeutische Prozesse 13
   2.2 Angewandte Methoden der Verhaltenstherapie/-medizin 14

3. Aktueller Stand der Wissenschaft zum Thema Burnout   16
   3.1 Gesellschaftlicher Aspekt 17
   3.2 Definitionsversuche 17

4. Verwendete testpsychologische Verfahren
   zur Evaluation 24
   4.1 Bisherige Ergebnisse der Evaluation 25

5. Behandlungsmanual 37
   Modul 1: Einblick in die eigene Krankheit gewinnen 37
   Modul 2: Die kognitive Behandlung von Burnout 52
   Modul 3: Emotionen und Burnout 61
   Modul 4: Präventive Maßnahmen gegen Burnout 77
   Modul 5: Sinn- und Wertfragen 87
   Modul 6: Burnout-Rückfallprophylaxe 90

6. Anhang	97
Arbeitsblätter	99
Abschlussgruppe	134
Dank	135
Literatur	137

Vorwort

Burnout geht uns alle an

Burnout ist ein Zeitphänomen – Depressionen gab es zu allen Zeiten, wie es immer schon psychische Erkrankungen gab.

Jede Zeit prägt jedoch auch die psychischen Erkrankungen und gibt ihnen ein entsprechendes »modernes« Gepräge. Wir fühlen uns angesprochen, berührt bei der Vorstellung, nicht krank im Sinne einer schicksalhaften Machtübernahme durch ein Höheres zu sein, sondern ausgebrannt aus uns selbst heraus. Klar, weil wir alles gegeben haben, aus dem größten uns möglichen Engagement heraus. Wer nicht gebrannt hat, kann auch nicht ausbrennen. Heißt nun, ein Recht zu haben, auch mal wieder innezuhalten, sich zu besinnen, eine Auszeit und Regeneration zu nehmen. Burnout spiegelt also unsere moderne Leistungsgesellschaft wider mit ihrer Entgrenzung der Arbeitswelt, der Entfremdung in den Beziehungen und der Entmenschlichung in den Medien. Der Einzelne, der nur noch sich selbst hat, sein eigener Arbeitgeber ist, sein eigener Zeittakt, sein eigener Sinnstifter, muss irgendwann ausbrennen wie jede Flamme, die irgendwann erlischt.

Burnout lehrt uns, besser zu leben. Wer einmal zugeben musste, dass er nicht mehr kann, wird bescheidener. Er fängt an, auf sein Inneres zu achten. Achtsamer werden, bewusster im Umgang mit uns selbst und unserer Mitwelt, heißt der Weg, der schon das Ziel in sich trägt. Sich selbst wieder zu spüren, bedeutet auch, die eigenen Grenzen zu erkennen. Nichts geht ohne die Erkenntnis der eigenen Werte und vielleicht sogar der eigenen Mission im Leben. Leidvoll ist das Nein-Sagen, sobald man erkannt hat, was wichtig und unwichtig ist. Man ist jedoch nicht mehr allein auf dem Weg, dies ist die schönste und wesentlichste Erfahrung.

Manuale sind Hilfsmittel für die Menschen, die uns an der Hand führen und den Weg zeigen. Sie helfen, die Therapie effektiver zu machen. Ich danke den Kolleginnen, die mit großem Engagement aufgeschrieben haben, was sie bereits gewinnbringend mit vielen Patienten angewandt haben. Nun steht das Hilfsmittel allen zur Verfügung. Möge großer Nutzen von ihm ausgehen.

Engelthal, 25.10.2010
PD Dr. Thomas Kraus, Chefarzt

1. Einleitung

Das Thema Burnout findet zunehmend Einzug in den psychotherapeutisch-psychiatrischen Versorgungssektor. Mittlerweile gibt es belastbare Zahlen (z. B. unter www.statista.de, Studie der TKK), aus denen ersichtlich wird, dass die Behandlungsanfragen zunehmen und entsprechende Möglichkeiten geschaffen werden müssen.

Im Rahmen eines ursprünglich für Angst und Lebenskrisen entwickelten verhaltenstherapeutischen Programms ergab sich die Behandlung von Burnout als zusätzlicher Schwerpunkt, weil sich der entsprechende Bedarf zeigte.

Nach vier erfahrungsreichen Jahren entstand ein Baukasten-Programm mit definierten Schwerpunkten, womit wir den Großteil der betroffenen Patienten gut erreichen können. Unser Erfahrungsschatz ist deutlich gewachsen, v. a. dank der vielen konstruktiven Rückmeldungen der Gruppenteilnehmer. Einige anfangs indiziert scheinende Ansätze und Ideen wurden modifiziert, viele der »ersten Arbeitsblätter« sind mittlerweile überarbeitet, und unser Angebot wurde unter anderem mit »philosophischen Betrachtungen« ergänzt, da im Burnout-Erleben der »Sinn des Lebens« offensichtlich eine wichtige Rolle spielt.

Unser Manual soll dazu dienen, Burnout-Betroffenen zum »Ausstieg« aus verschiedenen »Fallen« zu helfen, ihnen wieder die Freude an der Leistung zurückzugeben, ein realistischeres und gesünderes Maß an An- und Entspannung zu vermitteln und sie bei der Suche nach ihren Werten und Lebenszielen zu unterstützen.

Anfangs nahmen wir den Auftrag vieler Patienten an: »Machen Sie mich schnell wieder arbeitsfähig! Ich möchte wieder so funktionieren und so viel arbeiten können wie zuvor.« Es zeigte sich, dass auch das Behandlungsteam von dem Leistungsgedanken der Patienten angesteckt wurde. So wurden möglichst viele Angebote installiert und an der »Wiederherstellung« gearbeitet.

Mittlerweile übernehmen wir den »Wiederherstellungsauftrag«

nicht mehr unreflektiert an, sondern beleuchten sehr genau mit dem Betroffenen, was eine Rückführung in den »Ausgangszustand« für Folgen hat.

Dabei wird deutlich, dass das Thema Vermeidung eine wichtige Rolle spielt. Insbesondere die Vermeidung von Auseinandersetzung mit dem eigenen Befinden, die Vermeidung von Konflikten mit Partnern, der Familie oder den Freunden und vor allem die Vermeidung von Enttäuschung darüber, dass die eigene Leistungsfähigkeit begrenzt und erschöpflich ist.

Mittlerweile sehen wir Burnout auch als ein Übergangsstadium an, in dem sich eigene Werte und Lebensziele neu definieren und ordnen lassen und sich vielleicht neue oder andere Perspektiven auftun lassen.

1.1 Wichtige Hinweise zur Nutzung des Manuals

Das Manual wurde ursprünglich für die Arbeit mit Gruppen konzipiert. Deshalb sind die Inhalte so breit gefasst, dass sie möglichst alle Teilnehmer ansprechen. Das Manual entstand im stationären Kontext.

Aktuell wird das Programm auch in der Klinikambulanz eingesetzt und zusätzlich in der Einzeltherapie genutzt.

Mittlerweile gibt es auch Erfahrungswerte aus der Arbeit in der psychotherapeutischen Praxis. Für die Einzelarbeit wurden die Gruppenübungen teilweise durch geleitetes Entdecken ersetzt.

Wichtig scheint, dass die Schilderung eigener Erfahrung und die Anteile der Psychoedukation gut ausgewogen sind.

Behandlunganliegen

Unser Behandlungsanliegen ist, zu informieren, zu fragen und anzuregen, innere Zusammenhänge herzustellen, sich auf die Spuren nach den eigenen Lebensmustern zu machen, nach aufrechterhaltenden Bedingungen zu suchen, die eigenen Fähigkeiten und Interessen wieder zu entdecken und sich mit den eigenen Lebenszielen und deren Umsetzung zu beschäftigen.

Jedes Modul besteht aus einem psychoedukativen Teil mit Informationen und enthält Handouts und/oder Arbeitsblätter (abgekürzt als AB), die auch als Hausaufgaben verwendet werden können.

Die einzelnen Arbeitsblätter sind mit laufenden Ziffern durchnummeriert und erhalten als zweite Angabe die Nummer des Moduls. Bsp.: AB 1 – Modul 1.

Die Arbeitsblätter und Handouts sind auf der beiliegenden CD als pdf-Dateien hinterlegt und sollen den Teilnehmern ausgehändigt werden.

Arbeitsblätter, die vor allem *individuelle Ergebnisse* erzielen sollen, können im Gruppensetting *exemplarisch besprochen* werden, müssen aber nicht. Manchmal ist es notwendig, bestimmte individuelle Inhalte in Einzelgesprächen mit Betroffenen zu vertiefen.

Jedes Modul beinhaltet Gruppenarbeiten, in denen alle Teilnehmer gebeten werden, ihre Erfahrungen, ihre Erkenntnisse und Ergebnisse mitzuteilen und der Gruppe zur Verfügung zu stellen.

Wird das Manual zur Einzelarbeit verwendet, bietet sich die Technik des geleiteten Entdeckens an. Das Verwenden von Karteikarten und das Zuordnen zu bestimmten Bereichen ist auch im Einzelsetting gut möglich und bewirkt auch hier Strukturierung und Priorisierung.

Die Module müssen nicht stringent in ihrer hier genannten Reihenfolge eingehalten werden. Eine gewisse Flexibilität hat sich in einer halboffenen Gruppenstruktur bewährt. Selbst wenn neue Gruppenteilnehmer in Modul 6 einsteigen, ermuntern wir sie, den Notfallplan als Ziel zu verwenden und die persönlichen Ergebnisse jedes Moduls dort einzutragen.

In der Einzelarbeit haben wir die Module der Reihenfolge nach bearbeitet.

In der Beschreibung aller Module verwenden wir sowohl den Begriff Betroffene, Teilnehmer als auch den Begriff Patienten. Alle Begriffe stehen gleichberechtigt nebeneinander.

Auf eine explizit weibliche Schreibweise wurde verzichtet, wir wollen aber selbstverständlich beide Geschlechter ansprechen.

2. Theoretisch-wissenschaftlicher Kontext

In Anlehnung an die klassischen Lerntheorien und die aktuellen Ansätze der Kognitiven Verhaltenstherapie gehen wir davon aus, dass problematisches Verhalten in erster Linie das Ergebnis von Lernprozessen ist und durch die Verwendung von Verhaltens- und Lernprinzipien verändert werden kann.

Behandlungsgrundlage ist deshalb eine genaue Analyse des problematischen Verhaltens zur Bestimmung der aktuellen Verhaltensdeterminanten.

Übergeordnetes Prinzip ist die *Selbstmanagementtherapie* nach F. Kanfer. Vor diesem Hintergrund stehen die Moderatoren als Vermittler von speziellen Fähigkeiten und Kompetenzen, die der Patient für die Eigensteuerung und Selbstkorrektur seines Verhaltens benötigt, zur Verfügung (Kanfer, Reinecker, Schmelzer 2006, S. 305).

Der Erwerb von Selbstmanagement-Fertigkeiten kann nie nur in Form theoretischer Wissensvermittlung erfolgen, sondern muss auf der Basis real erlebter Erfahrungen stattfinden. Deshalb kann der Klient lernen, aus seinen vollzogenen Problemlösungen allgemeine Prinzipien zu abstrahieren, die er auch in anderen kritischen Situationen einsetzen kann. Die während der Therapie bearbeiteten inhaltlichen Probleme stellen den Ausgangspunkt für die Suche nach generellen Prozessen und Richtlinien für ein erfolgreiches Problemlösen dar.

Der Erwerb dieser Kompetenzen zielt demzufolge darauf ab, aus den Behandlungsergebnissen im Einzelfall übergeordnete Regeln abzuleiten, die nicht nur für die ursprüngliche Lernsituation Gültigkeit besitzen, sondern die sich situationsübergreifend zu flexiblen Bewältigungsstrategien zusammenfassen lassen. So münden alle Ergebnisse aus den einzelnen Modulen in das Modul 6, in dem es um die Erarbeitung einer sogenannten »Rückfall-Prophylaxe« geht mit dem Ziel, einen individuellen Notfallplan zu erstellen, um einer verstärkten oder erneuten Burnout-Entstehung entgegenzuwirken.

Um dies zu erreichen, kommen verschiedene verhaltenstherapeutische Elemente, Techniken und Interventionen zum Einsatz.

2.1 Verhaltenstherapeutische Prozesse

Psychoedukation
Ziel ist, die Symptomatik besser zu verstehen und verträglich damit umzugehen. Persönliche Erfahrungen mit der eigenen Erkrankung sollen mit dem gegenwärtigen Wissen über die Erkrankung verbunden werden. Zudem werden eigene Ressourcen verstärkt und weitere Möglichkeiten geboten, um neue Ressourcen kennenzulernen und auszuprobieren, die, langfristig betrachtet, zur Erhaltung der eigenen Gesundheit beitragen.

Die Aufklärung der Betroffenen über die Entstehungs- und Aufrechterhaltungsbedingungen der Störung bildet die Grundlage für sich anschließende Behandlungsschritte.

Verhaltensanalysen
Sobald die Entscheidungen über die möglichen Änderungsbereiche getroffen sind, erfolgt eine Präzisierung und Konkretisierung der Problemdefinition. Eine intensive funktionale Analyse des Ist-Zustandes kann auf unterschiedlichen Analyserichtungen vorgenommen werden. Unsere Grundlage ist das SORKC-Schema von Kanfer (2006), mittels dessen Makro- und Mikroanalysen des bestehenden Verhaltens durchgeführt werden können.

Generalisierung, Stabilisierung und Beendigung der Therapie
Am Ende der stationären Behandlung stehen die Definition von Erhaltungszielen und die Stabilisierung und der Transfer von Veränderungen in den Alltag. In ambulanten Therapien, die über einen deutlich längeren Zeitraum andauern, ist es sicher leichter, die Therapieergebnisse mit den Betroffenen zu generalisieren und dadurch auch zu stabilisieren. Einzelne Situationen lassen sich gezielter aufgreifen und spezieller in den Blick rücken.

2.2 Angewandte Methoden der Verhaltenstherapie/-medizin

Im Rahmen der Behandlung kommen viele Methoden der Verhaltenstherapie zum Einsatz. In der Erstellung eines individuellen SORKC-Modells spielen sowohl die *klassische* (Auslösesituation und Reaktion) als auch die *operante Konditionierung* (Verstärkerlernen) eine Rolle. Im Rahmen der Auseinandersetzung mit den aufrechterhaltenden Bedingungen kommen *Kontingenz* und *Verstärkerpläne* sowie die Begriffe *Primäre und Sekundäre Verstärkung* zum Einsatz. Bei den angestrebten Verhaltensveränderungen spielen *Diskriminationslernen, Löschung* und *Habituation* eine wichtige Rolle. In der Auseinandersetzung mit »dysfunktionalen Beliefs« ist u. a. der Begriff der *Generalisierung* wichtig. Im Rahmen der Gruppe spielt das *Modelllernen* eine nicht unwesentliche Rolle. In der Einzelbehandlung kann der Therapeut diese Funktion übernehmen.

Weitere verhaltenstherapeutische Methoden
Die in Ansätzen für die Burnout-Therapie verwendete *Schematherapie* zählt zu den erweiterten kognitiv-verhaltenstherapeutischen Therapien. Die Methoden der kognitiven Therapie werden um Elemente psychodynamischer Konzepte und anderer Therapieverfahren wie beispielsweise die Objektbeziehungstheorie, die Transaktionsanalyse, die Hypnotherapie und die Gestalttherapie ergänzt (Young, Röttinger 2007). Schematherapeuten gehen davon aus, dass es bestimmte erlernte Grundschemata gibt, die darauf abzielen, die seelischen Grundbedürfnisse zu befriedigen und hierzu das Verhalten von Menschen zu steuern.

Diese in der Kindheit und im Verlauf des Lebens erworbenen Schemata beinhalten *weitgesteckte Muster aus Erinnerungen, Emotionen, Kognitionen und Körperempfindungen*. Früh durch schädliche Kindheitserlebnisse erworbene hinderliche Schemata, die auf der Verletzung menschlicher Grundbedürfnisse basieren, werden maladaptiv genannt.

Schemata beziehen sich auf den Betreffenden selbst und seine Kontakte zu anderen Menschen. Sie verstärken sich im Laufe des Lebens und können funktional und dysfunktional sein. Dysfunktionale Schemata schränken sowohl die Lebensqualität als auch die Handlungskompetenzen ein.

In der Burnout-Therapie werden die *erkrankungsrelevanten Schemata identifiziert*.

Durch die Identifizierung soll der Betroffene zukünftig die *Wirkung maladaptiver Schemata erkennen und gesunde Verhaltensweisen entwickeln können,* also erlernte Automatismen durch zielgerichtete, bewusste und angemessene Handlungen ersetzen.

Der dazugehörige therapeutische Prozess besteht aus einer inneren Distanzierung, bewusster Wahrnehmung und der detaillierten Betrachtung und Benennung der verschiedenen Aspekte zu den Verhaltensgrundmustern.

Innerhalb der Gruppentherapie ist es leider nur ansatzweise möglich, die Entstehungsgründe der maladaptiven Schemata zu beleuchten. Daher empfiehlt sich für das Gruppensetting eine begleitende einzeltherapeutische Arbeit.

3. Aktueller Stand der Wissenschaft zum Thema Burnout

»In Medizin und Wissenschaft gilt Burnout bislang als eine Störung, die mit sich verändernden Lebens- und Arbeitsbedingungen in Zusammenhang gebracht wird. Sie äußert sich unter anderem durch emotionale Erschöpfung, Selbstentfremdung oder Zynismus und eine verminderte Leistungsfähigkeit. Betroffene leiden im fortgeschrittenen Stadium dauerhaft an seelischen und körperlichen Beschwerden. Dieser Zustand ist hauptsächlich durch Erschöpfung gekennzeichnet. Begleitsymptome sind Unruhe, Anspannung, gesunkene Motivation und reduzierte Arbeitsleistung. Die psychische Symptomatik entwickelt sich nach und nach, bleibt von den Betroffenen selbst oft lange unbemerkt« (HTA-Report »Differentialdiagnostik des Burnout-Syndroms«, DIMDI, 2010).

Burnout wird in der internationalen Klassifikation, 10. Revision (ICD-10), nicht als eigenständige Krankheit beschrieben, sondern erscheint unter den Zusatzziffern »Probleme mit Bezug auf Schwierigkeiten bei der Lebensbewältigung.« Es handelt sich um »Faktoren, die den Gesundheitszustand beanspruchen und zur Inanspruchnahme des Gesundheitswesens führen«. Hierunter kann »Ausgebranntsein« oder der Zustand der totalen Erschöpfung fallen (Z73.0).

Im Klassifikationssystem der American Psychiatric Association (DSM-IV) wird Burnout ebenso nicht als eigenständige Diagnose aufgeführt; unter der Ziffer 68.20 kann es zu »Problemen im Beruf« eingeordnet werden. Nach DSM-IV handelt es sich um ein Phänomen, welches zu beobachten, aber nicht zu behandeln ist.

Da Burnout keine Diagnose in der ICD-10 (International Classification of mental disease and disorders) ist, können medizinische oder psychotherapeutische Behandlungen nur dann abgerechnet werden, wenn im Behandlungsfall die Kriterien einer anderen psychischen Störung erfüllt sind, beispielsweise die einer affektiven Störung oder die einer Angststörung.

Trotz fehlender eindeutiger und offizieller Definition wird die Diagnose meist anhand bestimmter Symptome gestellt und behandelt.

Manchmal wird auch von der »neuen Depression« oder von der »arbeitsbezogenen Depression« gesprochen.

Bis dato fehlt ein allgemein anerkanntes Instrument, um Burnout von anderen Krankheiten klar abzugrenzen. Es ist überhaupt unklar, ob hier die allgemeinen Kriterien für psychisches Kranksein (Abnormität, Leidensaspekt, Versagensaspekt) angewandt werden sollen. Es stellt sich die Frage, ob Burnout nicht als Begriff für einen subjektiven Leidenszustand, eine Befindlichkeitsbeschreibung erhalten bleiben soll (nur wer viel geleistet hat, kann auch ausbrennen) und nur der Endzustand, die bereits eingetretene Depression oder andere psychische Folgeerkrankung, als Störung mit näher kennzeichnender Zusatzkodierung Burnout diagnostiziert werden sollen.

3.1 Gesellschaftlicher Aspekt

Burnout kennzeichnet auch ein gesellschaftliches Phänomen der modernen Leistungsgesellschaft und sollte nicht als kollektive Krankheit aufgefasst werden. Jedenfalls scheint die Folgeerscheinung von lebensbezogenen Dauerstress-Situationen in quasi-epidemischem Ausmaß andauernd zuzunehmen. Das verursacht erhebliche Kosten für Wirtschaft und Krankenkassen. In den letzten Jahren haben die Verschreibung von Psychopharmaka und die Zahl von Arbeitsunfähigkeitstagen aufgrund psychischer Erkrankungen deutlich zugenommen. In einer telefonischen bevölkerungsrepräsentativen Befragung ermittelte die Techniker Krankenkasse (TKK) rund 10 Mio. Krankschreibungen aufgrund von Burnout, was bedeutet, dass jährlich rund 40 000 Arbeitskräfte wegen einer mit Burnout assoziierten Erkrankung an ihrem Arbeitsplatz fehlen.

3.2 Definitionsversuche

Für den Begriff Burnout existiert keine *einheitliche wissenschaftliche Definition*. Burnout kann als Begriff von *hoher gesellschaftlicher Praxisrelevanz* verstanden werden, stellt *aber keine klinische Diagnose* dar.

Es gibt eine Reihe von Symptombeschreibungen, die im Folgenden aufgeführt sind: Pines et al. (1993) beschreiben Burnout als »körperliche, seelische und geistige Erschöpfung durch gefühlsmäßige Überbelastung«. Maslach und Jackson (1974) definieren Burnout als »emotionale Erschöpfung, Depersonalisation und verringerte persönliche Erfüllung im Beruf bei an der Leistungsgrenze arbeitenden Menschen«. Freudenberger und Richelson (1983) sprechen von »Erschöpfung und Enttäuschung nach Erkennen unrealistischer Erwartungen«. Alle Begriffsbeschreibungen schildern Zustände, erklären aber nicht den Beginn und die Ursache.

Schaufeli und Enzmann (1998) verbinden verschiedene Ansätze und entwickeln daraus folgende Arbeitsdefinition: »Burnout ist ein dauerhafter, negativer, arbeitsbezogener Seelenzustand ›normaler‹ Individuen. Er ist in erster Linie von Erschöpfung gekennzeichnet, von Unruhe und Anspannung, einem Gefühl verringerter Effektivität, gesunkener Motivation und der Entwicklung dysfunktionaler Einstellungen und Verhaltensweisen bei der Arbeit. Die psychische Verfassung entwickelt sich nach und nach und kann so den betroffenen Menschen lange unbemerkt bleiben. Sie resultiert aus einer Fehlanpassung von Intention und Berufsrealität und erhält sich wegen ungünstiger Bewältigungsstrategien von selbst aufrecht« (Schaufeli und Enzmann 1998, übersetzt von Burisch 2006).

In allen Beschreibungen lassen sich bestimmte Kernelemente finden wie körperliche, emotionale, geistige Erschöpfung, Entfremdung, Arbeitsbelastung, unerfüllte Bedürfnisse und Erwartungen, Desillusionierung, fehlgeschlagene Anpassung.

Persönlichkeitszentrierte Ansätze	Sozial-, arbeits- und organisationspsychologische Ansätze
Edelwich & Brodsky (1984), Fischer (1983), Freudenberger & Richelson (1983), Lauderdale (1982), Meier (1983), Schmidbauer (1974), Burisch (1989)	Aronson, Pines & Kafry (1983), Barth (1992), Berkley Association Planning Group (1977), Brahall & Ezel (1981), Büssing & Perrar (1989), Cherniss (1980), Harrison (1983), Enzmann & Kleiber (1989), Maslach & Jackson (1984)

(Quelle: Gusy 1995, S. 31)

Neben den unterschiedlichen Beschreibungen bestehen auch unterschiedliche Ursachenmodelle, die sich in drei grundsätzlichen Richtungen zuteilen lassen.

Gusy (1995) hat verschiedene Ansätze systematisiert, indem er eine Unterteilung in persönlichkeitszentrierte, in arbeits- und organisationspsychologische und in soziologisch-sozialwissenschaftliche Erklärungen vorgenommen hat.

Persönlichkeitszentrierte Erklärungsansätze
Bei diesen Erklärungansätzen steht die Persönlichkeit des Betroffenen, i. d. R. eines Helfenden, im Vordergrund. Als ursächlich wird eine Diskrepanz zwischen dem Helferideal und der Wirklichkeit des Helfens, die sich als übertriebener Idealismus oder als unrealistische Erwartung äußern kann, angenommen.

Sozial-, arbeits- und organisationsorientierte Erklärungsansätze
Bei diesen Ansätzen stehen verschiedene *situationale Bedingungen* im Vordergrund. Als ursächlich wird der emotional beanspruchende und erschöpfende Umgang mit Menschen angenommen.

Weitere Ansätze
Cherniss' Ansatz liegt ein psychologisches Stressmodell zugrunde, zudem eine Analyse der beitragenden Strukturen. In seinem Modell handelt es sich um einen *soziologisch geprägten Ansatz,* der arbeits- und organisationsbezogene Faktoren mit individuellen und gesellschaftlichen kombiniert. Bezüglich der arbeits- und organisationsbezogenen Faktoren nennt Cherniss das Arbeitsumfeld mit den Komponenten Rollenstruktur, Machtstruktur und normativer Struktur. Als individuell verursachende Faktoren hebt Cherniss neben dem Sinnverlust vor allem die Bedeutung unrealistischer Erwartungen hervor. Das Zusammenwirken von arbeitsbezogenem Stress und defensiven Copingstrategien übersteigt die Bewältigungsmöglichkeiten sowie die Nutzung bestehender Ressourcen und begünstigen dadurch die Entstehung von Burnout. Die Betroffenen sind nicht mehr in der Lage, dem erlebten Stress durch aktive Bewältigung zu begegnen, was dazu führt, dass sie »noch mehr Energie« brauchen, die dann an anderer Stelle verloren geht (Cherniss 1980).

Erklärungansatz nach Burisch
Burisch (1994) versucht der Heterogenität der verschiedenen Ansätze dadurch gerecht zu werden, dass er diese in ein eigenes Konzept integriert. Er entwickelt das *Modell einer ungestörten und einer gestörten Handlungsepisode*. Im Falle einer ungestörten Handlungsepisode beschreibt er eine anfängliche Zielbildung sowie Handlungsplanung. Während dieser ersten Handlungsentwürfe bilden sich bewusst oder unbewusst verschiedenartige Erwartungen. Wenn die Handlung ausgeführt wird und das Ziel erfolgreich und planmäßig erreicht wurde, kann man befriedigt zurückblicken und ist motiviert für eine Handlungswiederholung.

Der Kerngedanke bei gestörten Handlungsepisoden ist, dass das angestrebte Ziel nur durch zusätzlichen Aufwand (Zielerschwerung) oder gar nicht erreicht werden kann (Zielvereitelung), dass die Zielerreichung nicht mit der erwarteten Belohnung verbunden ist beziehungsweise die Belohnung ganz ausbleibt oder negative Nebenwirkungen auftreten, welche die eigentlich positive Wirkung der Zielerreichung kompensieren. Solche Misserfolge beziehungsweise Störungen des Handlungsprozesses können je nach Verarbeitung zu Burnout führen.

Da Burisch sich bei seinem Modell *stark an der Stresstheorie von Lazarus orientiert*, steht auch bei ihm die *individuelle Handlungsregulation im Vordergrund*. Dies bedeutet, dass bei einer Beeinträchtigung der Handlungsausführung durch Hindernisse Stress auftritt, welcher entweder als Bedrohung oder als Herausforderung bewertet wird und den die jeweilige Person zu bewältigen versucht. Bleibt das Ergebnis der Handlung unbefriedigend, tritt unmittelbar ein Autonomieverlust ein, welcher zu einem sekundären emotions- und/oder problemorientierten Bewältigungsversuch führt. Dieser Bewältigungsversuch kann einerseits erfolgreich sein, was zu einer Rückkehr in den Ruhezustand führt, er kann aber auch erfolglos bleiben, wodurch Stress zweiter Ordnung auftritt, welcher wiederum Burnout zur Folge haben kann (Burisch 1994, S. 119 ff.).

Unsere praktischen Erfahrungen im stationären Bereich
Nach unserer Erfahrung kommen Burnout-Betroffene erst dann zur stationären Behandlung, wenn »es nicht mehr anders geht«. In der Regel besteht eine mindestens mittelgradig ausgeprägte depressive Stö-

rung mit den klassischen Symptomen wie: bedrückte Stimmung, Erschöpfung, Freud- und Interessenlosigkeit, erhöhte Ermüdbarkeit und Aktivitätseinschränkungen. Nicht selten bestehen Suizidgedanken. Häufig werden kognitive Beeinträchtigungen geschildert (Aufmerksamkeits- und Konzentrationsstörungen), die zu Leistungseinbußen im Beruf führten. Berichten Patienten von starken Einschränkungen im Berufsleben, bedingt durch Erschöpfung, ausgelöst durch ständigen Zeitdruck, Über- oder Unterforderung, mangelnde Anerkennung, Kränkungssituationen, geringen Handlungsspielraum und/oder Konflikten mit Vorgesetzten und Kollegen, teilen wir die Betroffenen dem Behandlungsschwerpunkt Burnout zu. Stehen andere Belastungsfaktoren im Vordergrund, nehmen die Patienten an einem anderen Behandlungsschwerpunkt teil, i.d.R. an einer Gruppenpsychotherapie in Anlehnung an die Interpersonale Psychotherapie nach Schramm und Klecha (2010).

Wir stützen uns in unserem Behandlungskonzept auf die Grundlagen von M. Burisch (2006), der unterschiedliche Kernsymptome benennt, die in unterschiedlichen Phasen auftreten:

(1) Anfangsphase: überhöhter Einsatz von Energie, Gefühle von Unentbehrlichkeit, Energiemangel, Müdigkeit, Verdrängung von Misserfolgen, »Nicht-mehr-Abschalten«-Können.

(2) Phase des reduzierten Engagements: Aufmerksamkeitsstörungen, Desillusionierung, Verlust positiver Gefühle gegenüber den Klienten, Empathieverlust, negative Einstellung zur Arbeit, familiäre Probleme, Fehlzeiten im Beruf.

(3) Phase der emotionalen Reaktion und Schuldzuweisung: Depression, Schuldzuweisungen, Angst, Bitterkeit, Pessimismus, Gefühle von Ohnmacht, reduzierte Selbstachtung.

(4) Phase des Abbaus: Gedächtnis- und Konzentrationsschwächen, eingeschränkte Flexibilität und Kreativität, Entscheidungsunfähigkeit.

(5) Phase der Verflachung: Gleichgültigkeit, Rückzug, Einsamkeit, Desinteresse.

(6) Phase der psychosomatischen Reaktion: Schlafstörungen, Herz- und Atembeschwerden, Kopfschmerzen, Gastro-intestinale Beschwerden.

(7) Phase der Verzweiflung: Hoffnungslosigkeit, Suizidgedanken, existenzielle Verzweiflung.

Die Phasen können sich überschneiden, sie bauen nicht automatisch aufeinander auf. Durch Erholung (z. B. durch Urlaub, Auszeiten) erfolgt häufig eine kurzfristige Abnahme der Symptome. Der Erholungseffekt wird aber im Laufe der Zeit immer kürzer und die Beschwerden sind rasch wieder vorhanden. Dies erklärt auch, warum viele Betroffene über einen langen Zeitraum weiterhin funktionieren.

Allerdings ist unsere Erfahrung, dass ab Phase 5 oder 6 kaum noch ein Ausstieg ohne professionelle Hilfe möglich ist.

Bei der Ausarbeitung der einzelnen Module haben wir die zuvor dargestellten Phasen berücksichtigt und für jeden Baustein entsprechende Behandlungsschwerpunkte gewählt.

Der Aufbau ist in der folgenden Abbildung dargestellt.

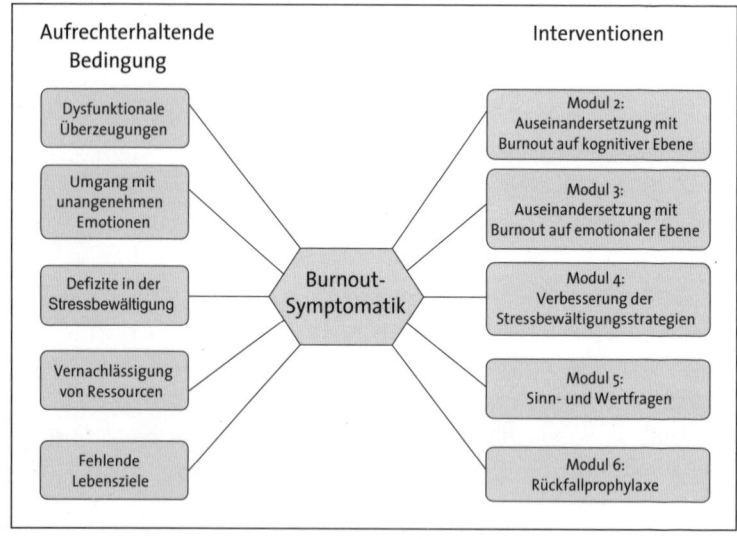

Abb. 1: Ansatzpunkte in der Burnout-Behandlung

Wer ist von Burnout betroffen?
Burnout zeigt sich in fast allen Schichten und in unterschiedlichen Lebensaltern. Betroffen sein können alle: der Schüler, die Studentin, pflegende Angehörige, Schmerzpatientinnen, die Managerin, der Arzt, die Hausfrau …

Überall, wo andauernde Überbelastung mit zu geringer Entlastung und unzureichendem »Energienachschub« einhergeht, wird die Entstehung von Burnout begünstigt.

Sicher gibt es persönliche Faktoren, die eine Auftretenswahrscheinlichkeit erhöhen (siehe Bergner 2010). Hier werden z. B. hohes Verantwortungs- und Pflichtbewusstsein, emotionale Labilität, der duldende Umgang mit Zeiträubern, hoher eigener Idealismus, eigene Omnipotenzideen und die Bereitschaft, bei Anforderungen noch mehr zu leisten, anstatt Grenzen zu ziehen, genannt. Doch auch ohne übermäßige Ausprägung dieser »inneren Risikofaktoren« kann es zur andauernden Überforderung kommen, welche Kompensationsleistungen verlangt, die der Betroffene aktuell nicht (mehr) aufbringen kann.

4. Verwendete testpsychologische Verfahren zur Evaluation

Hagemann & Geuenich (2009) entwickelten 2010 die *Burnout-Screening-Skalen* (BOSS) als Selbstbeurteilungsverfahren *zur Erfassung von subjektiven psychischen und physischen Beschwerden, wie sie typischerweise im Rahmen eines Burnout-Syndroms auftreten.*
Das Verfahren besteht aus zwei unabhängig voneinander einsetzbaren Fragebögen mit jeweils 30 Items.

BOSS I beinhaltet vier Skalen, mit denen Beschwerden in den Lebensbereichen Beruf, eigene Person, Familie und Freunde über einen Beurteilungszeitraum von drei Wochen erfasst werden. *BOSS II* besteht aus drei Skalen (körperliche, kognitive und emotionale Beschwerden) und umfasst einen Beurteilungszeitraum von sieben Tagen.

In der Auswertung wird pro Skala zwischen drei Globalwerten (Mittel-, Intensitäts- und Breitenwert) unterschieden. BOSS kann sowohl zur dimensionalen Diagnostik (Quantifizierung der Beschwerden) als auch kategorialen Diagnostik (Verdachtsdiagnose eines Burnout-Syndroms) eingesetzt werden.

(Quelle: Hogrefe Testzentrale Göttingen, Stand 2011)

Zusätzlich bearbeiten alle Teilnehmer die Symptom-Check-Liste 90 R (SCL 90 R) von Franke.

Die SCL-90-R misst die *subjektiv empfundene Beeinträchtigung durch körperliche und psychische Symptome einer Person innerhalb eines Zeitraumes von sieben Tagen.* Damit ergänzt sie Verfahren zur Messung der zeitlich extrem variablen Befindlichkeit und der zeitlich überdauernden Persönlichkeitsstruktur. Sie bietet eine mehrdimensionale Auswertung mit der Möglichkeit der Messwiederholung.

Die 90 Items der neun Skalen beschreiben die Bereiche Somatisierung, Zwanghaftigkeit, Unsicherheit im Sozialkontakt, Depressivität, Ängstlichkeit, Aggressivität/Feindseligkeit, Phobische Angst, Paranoides Denken und Psychotizismus. Drei globale Kennwerte geben Auskunft über das Antwortverhalten bei allen Items. Der GSI misst die grundsätzliche psychische Belastung, der PSDI misst die Intensität der Antworten, und der PST gibt Auskunft über die Anzahl der Symptome, bei denen eine Belastung vorliegt.

(Quelle: Hogrefe Testzentrale Göttingen, Stand 2011)

Beide hier benannten Verfahren können über die Testzentrale des Hogrefe Verlags in Göttingen bezogen werden:

Testzentrale Göttingen
Herbert-Quandt-Str. 4
D-37081 Göttingen
Tel. +49-551-50 688-999
Fax +49-551-50 688-998
http://www.testzentrale.de

Das dritte angewendete Verfahren ist das Beck Depressions Inventar 2 (BDI 2) von Hautzinger, Keller & Kühner (2006), das eingesetzt wird, um die Schwere einer depressiven Störung einzuschätzen und um Veränderung zu messen.

Das BDI 2 ist unter folgender Adresse zu beziehen:

Pearson Assessment & Information GmbH
Baseler Str. 35 – 37
60 329 Frankfurt/M.

Kontakt:
Telefon: +49 (0) 69 75 614 6- 0
Telefax: +49 (0) 69 75 614 6-10
E-Mail: info.de@pearson.com

4.1 Bisherige Ergebnisse der Evaluation

Seit 2011 setzen wir drei Verfahren (BOSS I und II, BDI 2 und SCL 90 R) kontinuierlich als Begleitmessung bei allen Patienten ein, die auf der Station behandelt werden. Es erfolgen jeweils eine Aufnahme- und eine Abschlussmessung und im Anschluss daran eine indirekte

Veränderungsmessung, indem wir die Ergebnisse der beiden Messzeitpunkte miteinander vergleichen.

Zudem wird bei jeder Aufnahme in die stationäre Behandlung eine Basisdokumentation (BADO) angelegt, die sowohl krankheitsbezogene als auch personenbezogene statistische Daten enthält.

Auf der Station wurden zwei Behandlungsschwerpunkte installiert. Die Aufteilung erfolgt aufgrund der erhaltenen Ergebnisse aus den Testverfahren, den Angaben im Aufnahmegespräch und den Behandlungszielen.

An der Burnout-Gruppe nehmen die Patienten teil, die in der Auswertung des BOSS-I-Fragebogens einen erhöhten Belastungswert im Beruf haben, die außerdem im Aufnahmegespräch eine dauerhaft erhöhte berufliche Belastung angeben, die langfristig zur psychischen Dekompensation geführt hat und Grundlage für die stationäre Einweisung war.

Am Schwerpunkt interpersonelle Psychotherapie (IPT) nach Schramm und Klecha (2010) nehmen alle Patienten teil, die im BOSS auf der Scala »Beruf« unauffällig sind.

Die BOSS I und II werden als primäres Unterscheidungskriterium herangezogen, da die Werte im BDI 2 und in der SCL 90 R bei beiden Gruppen häufig ähnlich sind.

Die IPT-Gruppe wurde als Kontrollgruppe verwendet, um Unterschiede und Gemeinsamkeiten in und zwischen den beiden Gruppen zu identifizieren. Dabei muss allerdings beachtet werden, dass auch diese Patienten psychische Krankheiten aufweisen.

Die Fallzahlen sind für eine umfassende Studie und dementsprechende Aussagen sicher noch zu gering. Dennoch ist es uns ein Anliegen, zumindest den aktuellen »Ist-Stand« darzustellen.

Das langfristige Ziel besteht darin, weiterhin Daten zu sammeln, um zu einem späteren Zeitpunkt eine genauere Auswertung mit umfangreicheren statistischen Analyseverfahren durchführen zu können.

Statistische Auswertung der erhobenen Daten
Die statistische Auswertung wurde von Sebastian Pawletta, einem Studenten der Sozialwissenschaften der Universität Erlangen–Nürnberg, im Rahmen einer Diplomarbeit mit dem Titel Burnout – eine sozialwissenschaftliche Analyse (2011) erstellt.

Stichprobe
Die Stichprobe (n = 134) besteht aus zwei Subgruppen. Zum einen aus Personen mit dem Burnout-Syndrom (n = 91) und zum anderen einer IPT-Gruppe (n = 43).

Auswertung
Bezugnehmend auf die vorherige Stichprobenbeschreibung ergibt sich ein quantitativ sehr beschränkter Datensatz, der nur eine deskriptive (beschreibende) Analyse zulässt. Für tiefer gehende multivariate Analyseverfahren ist nach der einschlägigen Literatur ein größerer Stichprobenumfang erforderlich. Nachfolgende Analysen sind aufgrund der geringen Stichprobengröße daher auch unter Vorbehalt zu berücksich-

Tabelle 1: Eingangsdiagnose der Patienten (n = 134)

Diagnose (Mehrfachnennungen)	n	%
F0 – Organische, einschließlich symptomatischer psychischer Störungen	0	0
F1 – Psychische und Verhaltensstörungen durch psychotrope Substanzen	10	4,5
F2 – Schizophrenie, schizotype und wahnhafte Störungen	2	0,9
F3 – Affektive Störungen	115	52,3
F4 – Neurotische, Belastungs- und somatoforme Störungen	45	20,5
F5 – Verhaltensauffälligkeiten mit körperlichen Störungen oder Faktoren	10	4,5
F6 – Persönlichkeits- und Verhaltensstörungen	8	3,6
F7 – Intelligenzminderung	0	0
F8 – Entwicklungsstörungen	0	0
F9 – Verhaltens- und emotionale Störungen (Beginn Kindheit und Jugend)	0	0
F99 – Nicht näher bezeichnete psychische Störungen	0	0
Z73 – Probleme verbunden mit Schwierigkeiten bei der Lebensbewältigung	30	13,6
Insgesamt (n)	220	100

tigen und bieten lediglich einen ersten Überblick zum jetzigen Zeitpunkt.

Diagnosen
Die Station 3-Ost ist konzipiert für die Behandlung von Burnout, Angst und Lebenskrisen.

In 115 Fällen wurde nach ICD-10 mit F3 (affektive Störung) diagnostiziert; die Diagnose F4 (Neurotische, Belastungs- und somatoforme Störungen) wurde bei 45 Patienten gestellt. Um die Komorbiditäten zu berücksichtigen, wurden mehrere Diagnosen bei einem Patienten gegeben.

Nach ICD-10 haben 20,9 Prozent aller untersuchten Patienten (n = 143) eine affektive Störung (F3) und haben zusätzlich Probleme »verbunden mit Schwierigkeiten bei der Lebensbewältigung« (Z73). Wird diese Zusatzziffer zusätzlich mit einer 0 kodiert, also Z73.0, ist dies die aktuell gültige Zusatzbezeichnung für Burnout.

Von den 91 Burnout-Patienten haben 33,0 Prozent diese Zusatzdiagnose erhalten.

Geschlecht
Insgesamt wurden 61 Männer und 73 Frauen im Zeitraum von 2008 – 2011 auf der Station 3-Ost behandelt.

Von den 91 Personen, bei denen das Burnout-Syndrom diagnostiziert wurde, waren 58,2 Prozent Frauen und 41,8 Prozent Männer.

Aufgrund der geringen Fallzahl kann nicht davon ausgegangen werden, dass tendenziell mehr Frauen betroffen sind. Das vorliegende Datenmaterial lässt aber den Schluss zu, dass beide Geschlechter in etwa gleich stark unter dem Burnout-Syndrom leiden. Diese Annahme wird durch den Fisher-Test bestätigt.

Tabelle 2: Fisher-Test auf Unabhängigkeit von Geschlecht und Burnout

BURNOUT	GESCHLECHT		
	Männer	Frauen	Insgesamt
Ja	38	53	91
Nein	23	20	43
Insgesamt	61	73	134

Zweiseitiger Hypothesentest: p-Wert = 0,26 497
H_0: Geschlecht und Burnout sind unabhängig
H_1: Geschlecht und Burnout sind abhängig

Bei diesem p-Wert wird H_0 nicht verworfen, somit sind Geschlecht und Burnout unabhängig und Frauen nicht häufiger von Burnout betroffen als Männer.

Kontaktart – Erstaufnahme – Wiederaufnahme
Von den insgesamt 134 Patienten sind 69,4 Prozent zum ersten Mal auf der Station, und 29,9 Prozent kamen zur Wiederaufnahme.

Bei den Burnout-Patienten (n = 91) kamen 79,1 Prozent zur Erstbehandlung und 19,8 Prozent zur Wiederaufnahme.

Die Mehrheit der Burnout-Patienten (49,6 Prozent) weist sich selbst in die Klinik ein. 26,5 Prozent kommen kurzfristig als Notfall in die Klinik und 23,1 Prozent aufgrund von Angehörigen oder Bekannten.

Tabelle 3: Nicht ärztliche Zuweisung der Burnout-Patienten (n = 91)

Nicht ärztliche Zuweisung (Mehrfachnennungen)	n	%
Keine	31	26,5
Patient selbst	58	49,6
Angehörige / Bekannte des Patienten	27	23,1
Sonstige	1	0,9
Insgesamt (n)	117	100

Aufenthaltsdauer
Die durchschnittliche Aufenthaltsdauer der Burnout-Patienten im Jahr 2011 beträgt 44 Tage (Minimum 20 Tage, Maximum 69 Tage).

Alter
Im Untersuchungszeitraum wurden auf der Station 3-Ost Patienten (n = 134) im Alter von 25 – 63 Jahren behandelt.

52,2 Prozent der Patienten sind zwischen 40 und 49 Jahre alt. Dies trifft in etwa auch auf die Gruppe der Burnout-Patienten (n = 91) zu, hier sind es 50,5 Prozent.

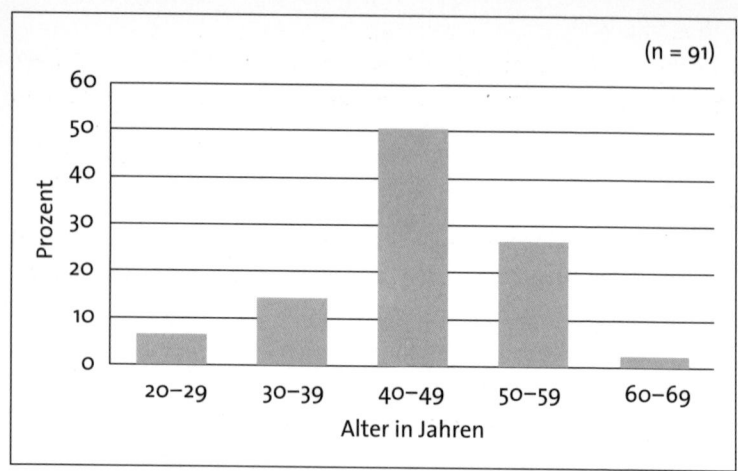

Abb. 2: Alter der Burnout-Patienten

Familienstand

49,5 Prozent der Burnout-Patienten (n = 91) sind verheiratet, 30,8 Prozent sind ledig. Aufgrund der geringen Fallzahl lässt sich noch nicht genau sagen, wie stark der Zusammenhang zwischen Burnout und Familienstand ist. Eine Tendenz ist aber eventuell schon erkennbar: ledige Personen sind weniger betroffen als Personen in Partnerschaften.

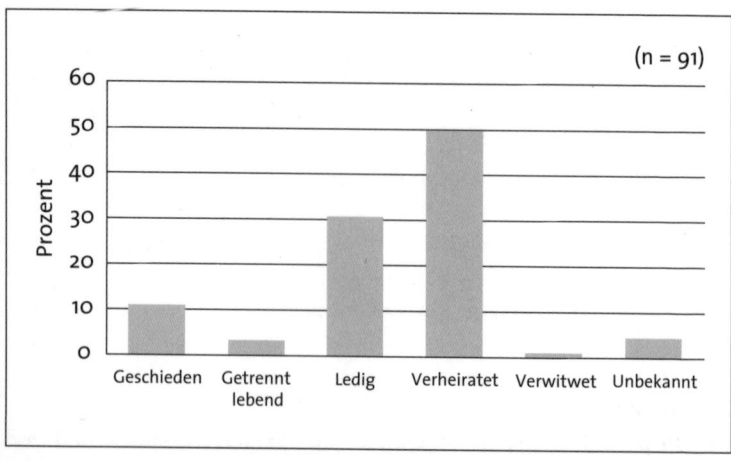

Abb. 3: Familienstand der Burnout-Patienten

Lebensform
20,2 Prozent der Burnout-Patienten (n = 91) leben allein. 79,8 Prozent leben entweder mit dem Partner, den Kindern oder anderen Verwandten zusammen.

Schulabschluss
Von den untersuchten Burnout-Patienten (n = 91) haben 34,1 Prozent mittlere Reife, 31,9 Prozent (Fach-)Abitur und 27,5 Prozent Hauptschulabschluss.

Berufsabschluss
Die meisten Patienten, die wir unter der Diagnose Burnout behandelten (n = 91), haben eine Lehre abgeschlossen (51,6 Prozent). Die nächstgrößere Gruppe stellen die Absolventen einer Fach- oder Hochschule dar (27,5 Prozent).

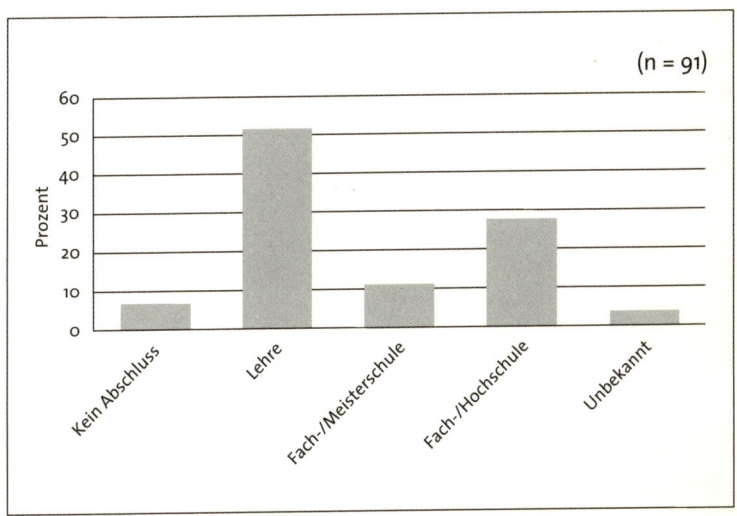

Abb. 4: Berufsabschluss der Burnout-Patienten

Berufliche Situation
73,6 Prozent der Burnout-Patienten (n = 91) sind in Vollzeit und 14,3 Prozent in Teilzeit beschäftigt.

Berufsklassen

Bei der Erstellung einer Skala zur Klassifizierung der Berufe wurde darauf geachtet, dass möglichst wenig Varianz in den Klassen, dafür aber möglichst viel Varianz zwischen den Klassen vorherrscht. Die Einteilung erfolgte anhand der inhaltlichen und semantischen Analyse der offenen Berufsangaben. Die Klassen wurden analog zur Logik der Klassifikation der Berufe von 2010 (KldB2010) erstellt.

Demnach arbeiten Patienten mit dem Burnout-Syndrom (n = 91) vor allen in kaufmännischen und Verwaltungsberufen in Unternehmen und im öffentlichen Dienst (25,3 Prozent), in technischen Berufen (22,0 Prozent) und in medizinischen Berufen und Pflegeberufen (17,6 Prozent). Tatsächlich zeigt sich selbst bei der geringen Fallzahl bereits eine Häufung in den Berufsklassen. Besonders betroffen sind sowohl kaufmännische und technische Berufe als auch Pflegeberufe.

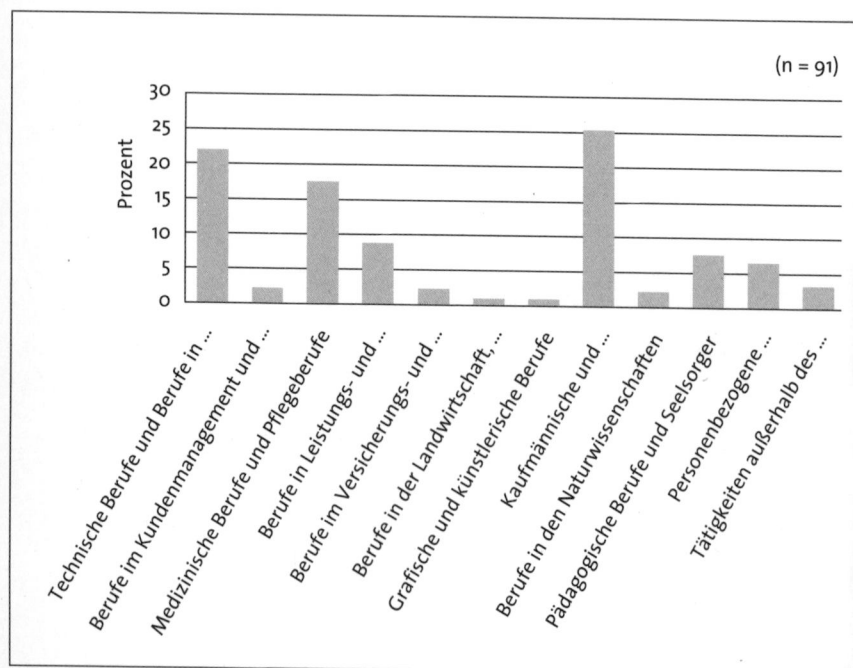

Abb. 5: Berufsklassen der Burnout-Patienten

Behandlungen bisher
Die Mehrheit der Burnout-Patienten (69,2 Prozent) war vor der stationären Aufnahme noch in keiner Behandlung. 28,6 Prozent waren ein- bis zweimal vorher in Behandlung.

Zeitraum bis zur Behandlung
Der Zeitraum zwischen der ersten psychischen Auffälligkeit und der ersten Behandlung beträgt im Durchschnitt 2,5 Jahre. 29,7 Prozent der Burnout-Patienten (n = 91) lassen sich aber noch innerhalb eines Jahres nach der ersten Auffälligkeit behandeln.

Tabelle 4: Zeitraum zwischen erster psychischer Auffälligkeit und Behandlung (Burnout-Patienten)

Zeitraum zwischen erster psychischer Auffälligkeit und Behandlung	n	%
Weniger als 1 Jahr	27	29,7
1 Jahr	18	19,8
2 Jahre	14	15,4
3 – 5 Jahre	10	11
6 – 10 Jahre	4	4,4
11 – 20 Jahre	1	1,1
31 – 40 Jahre	2	2,2
Fehlende Werte	15	16,5
Insgesamt (n)	91	100

Der Zeitraum seit Beginn der jetzigen Krankheitsmanifestation beträgt bei 29,7 Prozent der Burnout-Patienten (n = 91) drei bis sechs Monate.
Bei 22,0 Prozent lag der Zeitraum bei vier Wochen bis drei Monate und bei 14,3 Prozent bei sechs Monate bis zu einem Jahr.

Suizidalität
Suizidalität als Summe aller Denk- und Verhaltensweisen von Menschen, die den eigenen Tod anstreben oder als mögliches Ergebnis einer Handlung in Kauf nehmen (Wolfersdorf 1999).

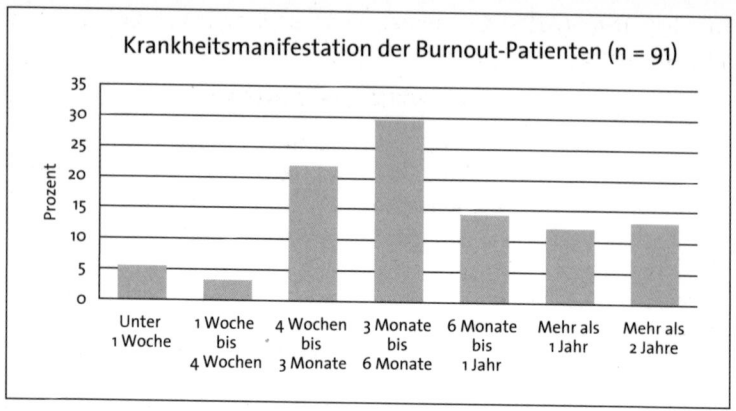

Abb. 6: Zeitraum seit Beginn der jetzigen Krankheitsmanifestation

Vergleicht man die Suizidalität bei den Burnout-Patienten mit den Personen der Kontrollgruppe, so stellt man fest, dass diese bei den Burnout-Patienten deutlich niedriger ist.

Bei 24,2 Prozent der Burnout-Patienten (n = 91) liegt Suizidgefährdung vor. Bei der Kontrollgruppe (n = 43) sind es hingegen 53,5 Prozent.

Die Gefahr einer Fremdgefährdung liegt weder bei den Burnout-Patienten noch bei den Patienten der Kontrollgruppe vor.

Schweregrad
In der Basisdokumentation erfolgt eine Einschätzung des Schweregrades des aktuellen psychischen Zustandes des Patienten.

Die Mehrheit (65,9 Prozent) der Burnout-Patienten (n = 91) wurde als »deutlich krank« eingestuft. Mit deutlichen Abstand gefolgt von »schwer krank« (16,5 Prozent) und »mäßig krank« (12 Prozent).

Auswertung der gültigen Fragebögen (BOSS I und II)
Körperliche Belastung und Beruf
45,6 Prozent der Burnout-Patienten (n = 57) haben überdurchschnittlich hohe Werte auf der Skala Beruf (BOSS I Aufnahme) und ebenfalls überdurchschnittliche Werte bei körperlichen Beschwerden (BOSS II Aufnahme).

Gleichzeitig haben aber auch 29,8 Prozent unterdurchschnittliche Werte auf der Skala Beruf und unterdurchschnittliche Werte bei kör-

Tabelle 5: Beruf (BOSS I Aufnahme) und körperliche Beschwerden (SCL Aufnahme)

		KÖRPERLICHE BESCHWERDEN			Insgesamt
		unterdurchschnittlich	durchschnittlich	überdurchschnittlich	
BERUF					
unterdurchschnittlich	Summe	17	2	1	20
	% Insgesamt	29,8 %	3,5 %	1,8 %	35,1 %
durchschnittlich	Summe	0	0	3	3
	% Insgesamt	0,0 %	0,0 %	5,3 %	5,3 %
überdurchschnittlich	Summe	1	7	26	34
	% Insgesamt	1,8 %	12,3 %	45,6 %	59,6 %
Insgesamt	Summe	18	9	30	57
	% Insgesamt	31,6 %	15,8 %	52,6 %	100,0 %

perlichen Beschwerden. Auch wenn die Fallzahl sehr gering ist, kann man bereits einen tendenziellen Zusammenhang erkennen. Die körperlichen Beschwerden steigen, wenn die berufliche Belastung zunimmt. Auch hier bestätigt der Fisher-Test die Vermutung, da die Nullhypothese abgelehnt werden kann (p-Wert: < 0,0001). Die Skala Beruf (BOSS I Aufnahme) und körperliche Beschwerden (SCL Aufnahme) sind abhängig voneinander und beeinflussen sich somit gegenseitig.

Globalwerte
Bei der Auswertung des BOSS I und II werden Globalwerte errechnet, welche die aktuelle Belastung des Patienten angeben, die dieser subjektiv erlebt.

Zum Aufnahmezeitpunkt waren die Globalwerte sowohl beim BOSS I als auch beim BOSS II überdurchschnittlich hoch.

Von 53 Personen erreichten im BOSS I 81,1 Prozent überdurchschnittliche Werte und beim BOSS II von 48 Personen 79,2 Prozent.

Skala Beruf

94,7 Prozent der Burnout-Patienten, von denen ein Testergebnis vorliegt (n = 38), haben überdurchschnittlich hohe Werte beim Globalwert (BOSS I Aufnahme).

Ein ähnliches Ergebnis zeigt sich auch bei der Betrachtung der Skala Beruf (BOSS I Aufnahme). Auch hier haben 89,5 Prozent einen überdurchschnittlichen Wert.

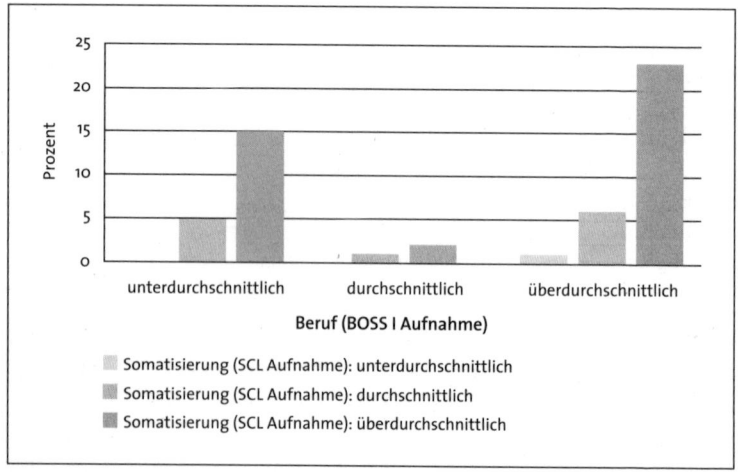

Abb. 7: Kreuztabelle Beruf (BOSS I Aufnahme) und Somatisierung (SCL Aufnahme)

Testwerte

Von den insgesamt 134 Patienten liegen 53 vollständige Testbögen vor. Überdurchschnittlich hohe Werte auf der Skala Beruf (BOSS I Aufnahme) als auch auf der Skala Somatisierung (SCL Aufnahme) haben 43,4 Prozent der untersuchten Patienten (n = 53).

Ähnliche Ergebnisse ergeben sich, wenn man die BOSS-Skala Beruf mit anderen SCL-Skalen (Aufnahme) verbindet. 49,1 Prozent der untersuchten Patienten (n = 53) haben überdurchschnittliche Werte bei Beruf und Zwanghaftigkeit, 49,1 Prozent bei Beruf und Depressivität, 45,3 Prozent bei Beruf und Ängstlichkeit, 41,5 Prozent bei Beruf und paranoides Denken und 37,7 Prozent bei Psychotizismus.

5. Behandlungsmanual

MODUL 1: Einblick in die eigene Krankheit gewinnen

Ziel des Bausteins
Kenntnis der Symptome
- Wissen über »schleichenden Verlauf« und den damit verbundenen Veränderungen
- Klassische Verhaltensweisen bei Überbelastung
- Ungleichgewicht zwischen Be- und Entlastung
- Abgrenzung zwischen Burnout und Depression

Zu den Inhalten von Modul 1 ist im Anhang eine Zusammenfassung für die Teilnehmer (Anhang, Modul 1 – Handout 1) beigefügt. Wir teilen dieses nach der ersten Sitzung aus, um weitere Informationen zur Verfügung zu stellen.

Das Handout kann selbstverständlich auch erst nach Ende des Moduls ausgegeben werden und als Zusammenfassung aller erarbeiteten Inhalte dienen. Diese Entscheidung obliegt dem Gruppenleiter.

1. Sitzung

Psychoedukation
Um eine gemeinsame Arbeitsdefinition zu schaffen, regen wir die Teilnehmer an, mit uns zusammen eine »Beschreibung« des Störungsbildes Burnout zu entwickeln. Dies erfolgt am einfachsten über eine gemeinsame Gruppenarbeit, ist aber auch in der Einzelarbeit möglich.

Anleitung für den Gruppenleiter
Gruppenarbeit mit allen Teilnehmern am Flipchart
Die Gruppenteilnehmer werden in einer gemeinsamen Arbeit gebeten, ihre Erfahrungen, ihre eigene Beschreibung der Störung, gezeigte Verhaltenswei-

> sen, Emotionen, körperliche Empfindungen und die Reaktionen ihres Umfeldes zu sammeln. Dies kann mittels Kärtchen erfolgen, die dann anschließend eingesammelt und gemeinsam sortiert werden.

Ziel der Gruppenaufgabe ist, Gemeinsamkeiten und Unterschiede in der Wahrnehmung der Störung, in ihrer Symptomatik und in den Auswirkungen zu erfassen.

Dabei wird deutlich, dass die geschilderten Symptome häufig sehr ähnlich sind und sich auch mit den Beschreibungen vieler Autoren decken.

Häufig benannt werden: eine Abnahme der Leistungsfähigkeit, sozialer Rückzug, eine stark ausgeprägte Erschöpfung und eine erhöhte Reizbarkeit.

Nicht selten werden Symptome wie Schlaflosigkeit, Grübeln und zunehmende Entscheidungsunfähigkeit geschildert.

Informationen über den aktuellen Wissenschaftsstand
Die Teilnehmer erhalten Informationen über den »Krankheitsbegriff Burnout«.

Dabei soll deutlich werden, dass Burnout bis dato kein einheitliches Krankheitsbild ist. Es liegt noch keine international gültige Definition vor. Zudem gibt es Überlegungen, ob Burnout nicht als Begriff für einen subjektiven Leidenszustand, im Sinne einer Befindlichkeitsbeschreibung, erhalten bleiben soll (nur wer viel geleistet hat, kann auch ausbrennen). Nur der Endzustand, also die bereits eingetretene Depression oder eine andere psychische Erkrankung, soll dann als Krankheit diagnostiziert werden. Burnout kann als Zusatz im ICD-10 (Z73.0 Probleme mit der Lebensbewältigung) kodiert werden.

Bisher gilt:

In Medizin und Wissenschaft gilt Burnout bislang als eine Störung, die mit sich verändernden Lebens- und Arbeitsbedingungen in Zusammenhang gebracht wird. Sie äußert sich unter anderem durch emotionale Erschöpfung, Selbstentfremdung oder Zynismus und eine verminderte Leistungsfähigkeit. Betroffene leiden im fortgeschrittenen Stadium dauerhaft an seelischen und körperlichen Beschwerden. Dieser Zustand ist hauptsächlich durch Erschöpfung gekennzeichnet. Begleitsymptome sind Unruhe, Anspannung, gesunkene Motivation und reduzierte Arbeitsleistung. Die psychische Symptomatik entwickelt sich nach und nach, bleibt von den Betroffenen selbst oft lange unbemerkt (HTA-Report »Differenzialdiagnostik des Burnout-Syndroms«, DIMDI, 2010).

Diagnostische Instrumente
Die Teilnehmer werden über die begleitende Forschung und Evaluation des Manuals informiert.

Alle Teilnehmer erhalten am Ende der 1. Sitzung folgende Fragebögen:

- Symptom-Check-Liste 90 R (Franke 2006)
- Beck Depressionsinventar 2 (Hautzinger 2006)
- Burnout-Screening-Skalen (Hagemann und Geuenich 2010).

(Bezug der Fragebögen über Hogrefe-Testzentrale, siehe Seite 25)

Sie werden gebeten, alle Fragebögen bis zur 2. Sitzung zu bearbeiten und diese dann beim Gruppenleiter abzugeben.

Die Ergebnisse sollten den Teilnehmern in kurzen Einzelbesprechungen mitgeteilt werden.

2. Sitzung

> **Anleitung für den Gruppenleiter**
>
> **Nicht vergessen:**
> Fragebögen, die am Ende der letzten Sitzung ausgeteilt wurden, wieder einsammeln.
> Die Inhalte der 2. Sitzung haben psychoedukativen Charakter und sollen den Teilnehmern einen kleinen Einblick in den aktuellen Kenntnisstand über Burnout geben und eine Abgrenzung zur rein depressiven Symptomatik verdeutlichen.

Informationen über Diagnostik und Differenzialdiagnostik
Burnout wird in der internationalen Klassifikation, 10. Revision (ICD-10), nicht als eigenständige Krankheit beschrieben, sondern erscheint unter den Zusatzziffern »Probleme mit Bezug auf Schwierigkeiten bei der Lebensbewältigung – Z73.0«.

»Es handelt sich um ›Faktoren, die den Gesundheitszustand beanspruchen und zur Inanspruchnahme des Gesundheitswesens führen‹. Hierunter kann ›Ausgebranntsein‹ oder der Zustand der totalen Erschöpfung fallen (Z73.0)« (HTA-Report, 2009).

Wird ein Patient in der Klinik aufgenommen, zeigt sich in der Regel ein mittelgradig bis schweres depressives Störungsbild, was auch so diagnostiziert wird. Manchmal bestehen komorbid Angsterkrankungen, Persönlichkeitsakzentuierungen, manchmal auch Suchtmittelmissbrauch in Form von Alkohol oder Tabletten.

Häufig stellt sich in der Gruppe die Frage, was der Unterschied zwischen Burnout und Depression ist. Wir versuchen durch die Information über die klassischen depressiven Symptome nach dem ICD-10, möglichst umfassend über das Störungsbild der Depression zu informieren. Zusätzlich vermitteln wir, dass nicht jedes Burnout automatisch in einer Depression endet. Dabei verweisen wir auf eigene Möglichkeiten der Veränderung und Einflussnahme, die in allen Modulen, je nach Schwerpunkt, angesprochen und angeregt werden.

Vorstellung der ICD-10-Kriterien für eine depressive Episode

Depressive Episode nach ICD-10		
Besteht seit mindestens 2 Wochen	ja	nein
Hauptsymptome		
1 depressive Stimmung	☐	☐
2 Interesse-/Freudlosigkeit	☐	☐
3 Antriebsstörung/Energieverlust/Müdigkeit	☐	☐
Andere häufige Symptome		
4 Verlust von Selbstwertgefühl/Selbstvertrauen/übertriebene Schuldgefühle	☐	☐
5 Todes-/Suizidgedanken	☐	☐
6 Denk-/Konzentrationsstörungen/Entscheidungsunfähigkeit	☐	☐
7 psychomotorische Unruhe oder Gehemmtsein	☐	☐
8 Schlafstörungen	☐	☐
9 Appetit-/Gewichtsverlust	☐	☐
Sind mindestens 2 Hauptsymptome und mindestens 2 andere häufige Symptome vorhanden, ist von einer behandlungsbedürftigen depressiven Episode auszugehen!		

(Quelle: AK Burnout, Vortrag von PD Dr. med. Kraus, 2008)

Zudem geben wir Informationen zu den Unterschieden zwischen einer leichten, mittelgradigen und schweren depressiven Episode.

Der Schweregrad einer depressiven Episode ergibt sich aus der Anzahl der Symptome.

Leichte Episode:	2 Kernsymptome + 2 weitere Symptome
Mittelgradige Episode:	mind. 2 Kernsymptome + mind. 3 andere Symptome
Schwere Episode:	alle 3 Kernsymptome + mind. 4 andere Symptome
	Soziale, häusliche und berufliche Aktivitäten können i. d. R. nicht mehr fortgesetzt werden.

Gemeinsam mit den Teilnehmern werden die Gemeinsamkeiten und die Unterschiede von Burnout und Depression herausgearbeitet.

Gemeinsamkeiten sind:
Typische kognitive Verzerrungen (Hautzinger 2006) wie z. B. Maximieren vs. Minimieren, Katastrophisieren, Übergeneralisieren etc., Erschöpfung, mangelnder Antrieb, Verlust von Selbstwertgefühl und Selbstvertrauen, Unruhe, Schlafstörungen, Libidoverlust, sozialer Rückzug.

Unterschiede:

Burnout	**Depression**
Bezieht sich oft auf einen oder wenige Lebensbereiche (z. B. Arbeit, Pflege von Angehörigen, G 8 …)	Betrifft alle Lebensbereiche
Zynismus, Sarkasmus, Aggression nehmen zu	Schuldgefühle, Selbstvorwürfe
Schleichender Beginn	Oft plötzlicher Beginn
Arbeitsfähigkeit ist noch lange erhalten	Häufig Arbeitsunfähigkeit
Urlaub, Erholung, Lebensstiländerungen können Verbesserung der Symptome bewirken	Medikamentöse Behandlung ist häufig nötig, um eine Verbesserung der Symptome zu bewirken

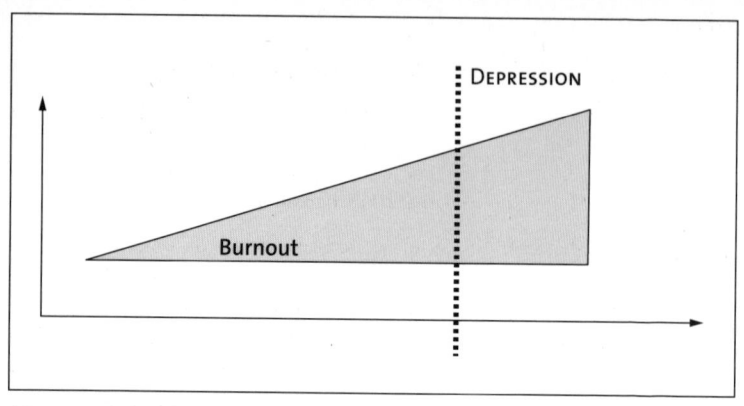

AB 1 – Modul 1: Abgrenzung Burnout und Depression

Nicht aus jedem Burnout muss sich zwangsläufig eine depressive Störung mit klinischem Charakter entwickeln.

Dennoch ist die Wahrscheinlichkeit deutlich erhöht, wenn keine Verhaltensveränderungen im Sinne von Erholung, veränderter Stressbewältigung, klaren Grenzen und Schaffung von Ausgleich und Entlastung erfolgen.

3. Sitzung

> **Anleitung für den Gruppenleiter**
>
> Die Teilnehmer erhalten Informationen über bisher gängige Beschreibungen und Annahmen von Burnout. Wir beziehen uns dabei vor allem auf die Annahmen von M. Burisch (2006), die allen Teilnehmern im Rahmen einer Psychoedukation vorgestellt werden.

Burisch nennt verschiedene Phasen und die dazu genannten Kernsymptome.

Tabelle 1

Phasen	Dazugehörige Symptome
(1) Anfangsphase	überhöhter Einsatz von Energie, Gefühle von Unentbehrlichkeit, Energiemangel, Müdigkeit, Verdrängung von Misserfolgen, »Nicht-mehr-Abschalten«-Können
(2) Phase des reduzierten Engagements	Aufmerksamkeitsstörungen, Desillusionierung, Verlust positiver Gefühle gegenüber den Klienten, Empathieverlust, negative Einstellung zur Arbeit, familiäre Probleme, Fehlzeiten im Beruf
(3) Phase der emotionalen Reaktion und Schuldzuweisung	Depression, Schuldzuweisungen, Angst, Bitterkeit, Pessimismus, Gefühle von Ohnmacht, reduzierte Selbstachtung
(4) Phase des Abbaus	Gedächtnis- und Konzentrationsschwächen, eingeschränkte Flexibilität und Kreativität, Entscheidungsunfähigkeit
(5) Phase der Verflachung	Gleichgültigkeit, Rückzug, Einsamkeit, Desinteresse
(6) Phase der psychosomatischen Reaktion	Schlafstörungen, Herz- und Atembeschwerden, Kopfschmerzen, gastrointestinale Beschwerden
(7) Phase der Verzweiflung	Hoffnungslosigkeit, Suizidgedanken, existenzielle Verzweiflung

Übertrag/Transfer der Informationen auf das persönliche Erleben
Die Informationen aus der Psychoedukation werden durch das persönliche Erleben der Teilnehmer ergänzt.

Dazu haben sich folgende Fragen bewährt:

1. Welche Symptome haben Sie bei sich wahrgenommen?
Beobachtung: Es zeigt sich häufiger eine gewisse Überraschung in der Gruppe, da die unterschiedlichen Teilnehmer ähnliche *Erfahrungen* und Symptome berichten und sich auch in der Vorstellung der einzelnen Phasen wiederfinden. Dies führt zu einem Gefühl von Entlastung, weil die »Symptome nicht eingebildet sind, man mit seinem Leid nicht allein ist und es einen Namen und eine Erklärung für das Leiden gibt«

(Zitat einer Gruppenteilnehmerin). Damit benennt sie mehrere therapeutische Wirkfaktoren, wie sie I. Yalom (2007) in seinem Lehrbuch zur Gruppentherapie beschreibt: Hoffnung auf Heilung, Universalität des Leidens, Mitteilung von Informationen etc.).

Bei der Beschreibung von erhöhter Reizbarkeit und zunehmendem Zynismus werden viele Teilnehmer hellhörig. Diese aggressiven Impulse können nur schwer in das eigene Selbstbild integriert werden, v. a. dann, wenn sich die Betroffenen als altruistisch erleben und »nur das Beste für die anderen wollen«.

2. Wie ist Ihr persönliches Burnout verlaufen?
Ziel: Neben den »Beschwerden« liegt das weitere Augenmerk auf dem *zeitlichen Verlauf.* Hier soll deutlich werden, dass Burnout nicht »gestern«, sondern schon vor längerer Zeit begonnen hat. Im Verlauf verändert sich die Wahrnehmung der Betroffenen. Anfänglich war die persönliche Leistungsgrenze und deren Überschreitung mindestens auf körperlicher Ebene noch spürbar. Um keine Einschränkungen zu erleben, wurden die diesbezüglichen inneren Impulse zunehmend ignoriert. In der Endphase ist es kaum noch möglich, innere »Stopp-Impulse«, das Bedürfnis nach Erholung und Pausenzeiten, die Orientierung und das Ausleben eigener wichtiger Bedürfnisse außerhalb des Leistungssektors als solche einzuordnen und diesen nachzugehen.

Eine Teilnehmerin beschreibt es so:
> »Mein Leben bestand aus festen Einheiten, und die hießen Termine. Mein Ziel war es, diese alle ›abzuarbeiten‹. Für mich selbst blieb dabei keine Zeit. Und das Schlimme war daran, dass es immer selbstverständlicher wurde. Was ich will und brauche, das habe ich gar nicht mehr wahr- und vor allem auch nicht ernst genommen.«

3. Welche Auswirkungen hat Ihre Erkrankung auf Ihr persönliches Umfeld?
Ziel: Es soll deutlich werden, dass die eigene Burnout-Symptomatik nicht nur ein individuelles Problem ist, sondern auch deutliche Auswirkungen auf das persönliche Umfeld des Betroffenen hat. Die Beziehungen zu den Lebenspartnern, den Kindern, den Freunden, der Familie

sind schwieriger und konfliktreicher geworden, da sie als zusätzliche Belastung erlebt werden.

Ein Teilnehmer beschreibt es so:
»In der Arbeit weiß ich schon nicht mehr, wo mir der Kopf steht. Dann komme ich nach Hause und meine Frau erzählt mir von ihrem Tag, Terminen im Kindergarten und dem Fußballturnier meines Sohnes am Wochenende. Wenn sie mich dann noch fragt, ob ich einen Termin für den Kundendienst für das Auto vereinbart habe, habe ich das Gefühl, dass ich mich um alles kümmern muss. Ich reagiere sofort gereizt und lasse meinen ganzen Frust vom Tag an meiner Frau aus. Unsere Beziehung leidet sehr unter meiner Reizbarkeit. Wir bleiben an den Wochenenden viel zu Hause, weil ich so müde und erschöpft bin, dass ich keine Lust habe, Freunde zu treffen. Das nervt meine Frau auch mittlerweile, weil sie immer Rücksicht nehmen muss.«

Auf der Verhaltensebene kann das dazu führen, dass der Arbeitsplatz als Möglichkeit genutzt wird, um den Ansprüchen und Erwartungen auszuweichen. Kurzfristig wird dadurch eine Entlastung erlebt. Mittel- und langfristig wird es zu einer Verschlechterung der Beziehungen führen, was weitere Probleme nach sich zieht.

4. Sitzung

> **Anleitung für den Gruppenleiter**
> Gegenstand der 4. Sitzung ist die Beschäftigung mit potenziellen Auslösern. Hierbei sollen die Teilnehmer unterschiedliche Faktoren kennenlernen, die ein Auftreten von Burnout begünstigen können.

Dazu verteilt der Gruppenleiter das Arbeitsblatt (Anhang: AB 2 – Modul 1: Welche Burnout-Auslöser gibt es?).
Gemeinsam mit den Teilnehmern werden dann die folgenden Inhalte besprochen.
Als Auslöser können mindestens *drei Faktoren* benannt werden:

A. Die aktuelle Situation, in der sich der Betroffene befindet
Diese kann z. B. der Arbeitsplatz sein. In diesem Zusammenhang wird häufig von sogenannten »Zwickmühlen« gesprochen, in denen sich der

Betroffene befindet und aus denen er keinen Ausweg sieht. Durch Umstrukturierungen oder personelle Veränderungen können sich Aufgaben und Inhalte so verändern, dass sie mit den eigenen Wertvorstellungen und Ansprüchen nur schwer vereinbar sind. Gleichzeitig besteht die Angst, den Arbeitsplatz zu verlieren, wenn die Vorgaben nicht erfüllt werden.

Fallbeispiel:
   Eine ausgebildete Altenpflegerin berichtet, dass sie ihre Arbeit sehr gerne mache und es ihr Zufriedenheit und Erfüllung gebe, wenn sie sich um die Bewohner ihres Seniorenzentrums kümmert. Gleichzeitig nehme die Arbeitsbelastung stetig zu, da die Anzahl der demenzerkrankten Bewohner ansteige. Die Erkrankung erfordere einen höheren Versorgungsaufwand, der aber ohne zusätzliches Personal nicht zu leisten sei. Der eigene Anspruch, eine gute und qualifizierte Pflege zu leisten, dafür aber keine Zeit zu haben, führte anfangs zur freiwilligen Mehrarbeit und kontinuierlicher Ausweitung der Dienstzeiten, um eine gute Versorgung zu leisten. Nachdem es dann eine Mahnung der Vorgesetzten gab, dass sie keine ausreichende Pflegedokumentation erstellt habe, sei sie sehr gekränkt gewesen und habe »Dienst nach Vorschrift gemacht«, was sie aber auch nicht befriedigt habe, weil es ihrer Vorstellung von einer guten Arbeit widersprach.

B. Die eigene Person mit ihrem persönlichen Strickmuster und verschiedenen Persönlichkeitsanteilen, die das Auftreten eines Burnout begünstigen
Hier wären Persönlichkeitsanteile, wie z. B. emotionale Labilität, starker Idealismus, starker Altruismus, Omnipotenzerleben, ausgeprägte Rationalisierung, Perfektionismus, stark erhöhtes Kontrollbedürfnis und mangelnde Selbstachtung, zu nennen.

C. Der persönliche Mechanismus, mit hoher Belastung umzugehen
Hier könnten z. B. die Fähigkeit Nein zu sagen, bei Stress und Anforderungen die eigenen Grenzen weit zu überschreiten genannt werden.

   Nach dem psychoedukativen Teil werden die benannten Faktoren durch die Gruppenteilnehmer ergänzt und reflektiert.

5. Sitzung

Anleitung für den Gruppenleiter
Ziel der 5. Sitzung ist die Vermittlung von verschiedenen kognitiv-verhaltenstherapeutischen Modellen, die zur Erklärung bzw. zur Entstehung von depressiven Störungen verwendet werden und die bei der Entwicklung von Burnout ebenfalls eine Rolle spielen.

Hier können folgende Modelle zum Einsatz kommen:

- das Modell der erlernten Hilflosigkeit von Seligman (2000)
- das Modell der Kognitiven Triade von Beck (2001)
- das Verstärker-Verlust-Modell von Lewinsohn (Herrle & Kühner 1994).

Wir verwenden häufig das Modell von Seligman, in dem das Erleben von Kontrollverlust und Hilflosigkeit und eine Generalisierung dieses Erlebens im Mittelpunkt stehen.

Modell der erlernten Hilflosigkeit (Seligman 2000)
Eine Person lernt und erlebt Hilflosigkeit, wenn subjektiv bedeutsame Ereignisse unkontrollierbar erscheinen. Das eigene Verhalten und dessen Konsequenzen in der Umwelt erscheinen unabhängig voneinander.

Die Person lernt: Egal, was ich tue, es führt zu nichts! Mein Handeln hat keine Konsequenzen. Dies gilt auch dann, wenn in einer neuen Situation objektiv Kontrolle möglich ist. Die »Hilflosigkeitserfahrung« wird auf die neue Situation generalisiert.

Diese Erfahrung der Nichtkontrolle führt zu motivationalen, kognitiven und emotionalen Veränderungen, die sich auch physiologisch und vegetativ auswirken und den Veränderungen bei Depressionen ähnlich sind.

Viele Burnout-Betroffene berichten ein solches Erleben. »Ich kann an meiner Situation wenig ändern. Ich muss die Situation aushalten. Ich werde keine neue Arbeit mehr finden, weil ich schon zu alt bin. Mir bleibt nichts anderes übrig, als so weiterzumachen wie bisher.« (Zitate verschiedener Gruppenteilnehmer)

> **Das Modell der kognitiven Triade von Beck**
>
> Um das Modell zu erklären, wird mit den Teilnehmern der Begriff Kognition erläutert.
>
> Unter Kognition verstehen wir die Art und Weise, wie ein Mensch Informationen verarbeitet. Die Informationsverarbeitung ist geprägt durch individuelle Lebens- und Lernerfahrungen, durch die persönliche Selektion der Informationen, durch verknüpfte Erinnerungen. Entscheidend ist also nicht, was wir an Information aufnehmen, sondern wie wir die aufgenommene Information verarbeiten.
>
> Im Modell der kognitiven Triade stehen kognitive Verzerrungen im Mittelpunkt. Die Art und Weise, wie ein Mensch Situationen wahrnimmt und bewertet, trägt entscheidend dazu bei, wie sein dazugehöriges Erleben ist.

Beispiel: Ein Patient neigt angesichts belastender Situationen zu einer negativen Sichtweise. Beispielsweise sagt er: »Das schaffe ich doch nie. In der heutigen Arbeitswelt werden die Rahmenbedingungen auch immer schlechter, daran wird sich auch nichts mehr ändern.«

Die hier zum Ausdruck kommende Konstellation von Denkmustern wird als kognitive Triade bezeichnet, die sich aus einer pessimistischen Sicht von sich selbst, der Welt und der Zukunft zusammensetzt.

Weitere typische kognitive Fehler und Verzerrungen sind z. B.: willkürliche Schlussfolgerungen, Übergeneralisierungen oder Katastrophisierungen.

Um diese zu verdeutlichen, stellt der Gruppenleiter die typischen Fehler vor und sammelt mit den Teilnehmern für jeden Fehler ein Beispiel, an dem die Denkweise deutlich wird.

Typische kognitive Fehler bei Burnout und depressiver Symptomatik:

1. Willkürliche Schlussfolgerungen
   Ohne sichtbaren Beweis oder sogar trotz Gegenbeweisen werden willkürlich Schlussfolgerungen gezogen, z. B.: »Es läuft wieder mal alles schief, ich bin zu nichts zu gebrauchen.«
2. Übergeneralisierung
   Aufgrund eines Vorfalls wird eine allgemeine Regel aufgestellt, die unterschiedslos auf ähnliche und unähnliche Situationen angewendet wird, z. B.: »Ich habe heute versagt, ich werde immer versagen.«

3. Dichotomes Denken
   Denken in Alles-oder-nichts-Kategorien, z. B.: »Entweder man kriegt es sofort hin, oder man lernt es nie.«
4. Personalisierung
   Ereignisse werden ohne klaren Grund auf sich selbst bezogen, z. B.: »Mein Chef hat bestimmt wieder so schlechte Laune wegen mir.«
5. Selektive Abstraktion
   Einige Einzelinformationen werden verwendet und überbetont, um eine Situation zu interpretieren. Damit werden bestimmte Informationen auf Kosten anderer überbewertet. Zum Beispiel wenn jemand, der von allen gegrüßt wird, von jemand nicht beachtet wird und denkt, dass ihn keiner mag.
6. Maximieren und Minimieren
   Negative Ereignisse werden übertrieben und positive Ereignisse untertrieben, z. B.: »Dass ich einen bestimmten Abschluss hinbekommen habe, ist nichts wert. Aber, dass der Kunde heute noch nicht zurückgerufen hat, zeigt, dass ich ein schlechter Verkäufer bin!«

Die kognitiven Muster entstehen unfreiwillig, automatisch und sind nur oberflächlich gültig. Informationstheoretisch handelt es sich um stabile, überdauernde Muster der *selektiven Wahrnehmung, Kodierung und Bewertung von Reizen.*

Die Muster entstehen durch belastende Erfahrungen im Sozialisationsprozess, durch aktuelle stressreiche oder traumatische Erfahrungen oder durch die Anhäufung negativer Erfahrungen.

Mit dem Entstehen der depressiven Muster setzt ein zirkuläres Feedbackmodell (Teufelskreis) ein, welches zur Verfestigung und Aufrechterhaltung der Depression beiträgt. Praktisch heißt das, dass der Betroffene aufgrund seiner negativen Sicht, z. B. »Ich werde wieder versagen«, bereits Rahmenbedingungen für das Eintreten des »Versagens« schafft (z. B. Konzentrationsschwierigkeiten, Angst etc.) und dann tatsächlich etwas schlechtere Leistung erbringt, was wiederum, durch die verzerrte Wahrnehmung, ein »Beweis« für seine »Unfähigkeit« ist.

> **Das Modell von Lewinsohn**
> Im lerntheoretischen Modell von Lewinsohn spielt das Thema Verstärkung eine wesentliche Rolle bei der Entstehung von Depressionen und Burnout.
> Verstärkung wird als Konsequenz auf ein Verhalten verstanden. Je nachdem, ob ein Verhalten positiv oder negativ verstärkt wird, wird sich die Auftretenswahrscheinlichkeit in einer ähnlichen Situation verstärken oder verringern.

Durch die Erschöpfung bzw. eine Antriebsschwäche werden zunehmend weniger positive Aktivitäten ausgeführt, die zu einem zufriedenen und ausgeglichenen Befinden führen. Dadurch werden Erfolgserlebnisse weniger und wiegen irgendwann die Anforderungen und Belastungen des Alltags nicht mehr auf. Es entsteht ein Ungleichgewicht zwischen Be- und Entlastung, weil die Rate an positiven Verstärkern weniger geworden ist.

Durch strukturelle Veränderungen am Arbeitsplatz geht z. B. die zuvor bestandene Autonomie verloren, es gibt weniger Lob und Anerkennung. Es entstehen neue Werte, mit denen sich der Arbeitnehmer nicht identifizieren kann (Beispiel: Quantität geht vor Qualität). Die Arbeit, die ihm zuvor Freude und Zufriedenheit verschafft hat, mit der er sich identifizieren konnte, gibt es nicht mehr. Dadurch sind mehrere positive Verstärker gleichzeitig verloren gegangen.

Jeder Mensch hat ein gewisses Repertoire, um Verstärker zu erhalten, z. B. durch Leistung, gute Ausbildung, Bereitschaft zur Mehrarbeit. Bei Burnout nimmt die Leistungsfähigkeit im Verlauf ab. Leistungsbereitschaft war vor der Erschöpfung ein Mittel, um positive Verstärkung zu bekommen. Dies ist nun nicht mehr möglich.

Was ist die Folge?
Mit der Zeit nimmt die eigene Kompetenz ab, Verstärker zu erlangen und einzusetzen. Dadurch wird eine Abwärtsspirale ausgelöst.

Ergebnisse von Modul 1

Jedem Teilnehmer soll verständlich geworden sein, dass:
- die erlebten Beschwerden und Symptome aufgrund ihrer Ähnlichkeit klassifizierbar sind
- sie das Ergebnis eines längeren Prozesses sind
- mit Veränderungen der Physiologie, der Emotionen und der Kognitionen einhergehen
- zu persönlichen Verhaltensänderungen geführt haben
- Auswirkungen auf das nähere und weitere soziale Umfeld haben
- sich viele Symptome mit dem Störungsbild einer Depression überschneiden
- verschiedene Auslöser angenommen werden
- es unterschiedliche Phasen im Verlauf gibt.

MODUL 2: Die kognitive Behandlung von Burnout

Ziel des Bausteins
Kenntnis der Symptome
- Kennenlernen des SOR(K)C-Schemas
- Identifizieren und analysieren typischer Burnout-Situationen
- Eigene Lebensmottos kennenlernen
- Zusammenhänge zwischen den Lebensmottos und Burnout erkennen
- Kognitive Umstrukturierung als Behandlungsmöglichkeit erlernen

Theoretischer Hintergrund

Die Forschung legt nahe, dass es psychologische Grundbedürfnisse gibt, die die normale menschliche Entwicklung bedingen. Diese Bedürfnisse sind bei allen Menschen vorhanden. Die Verletzung oder dauerhafte Nicht-Befriedigung dieser Bedürfnisse führt zu Schädigungen der psychischen Gesundheit und des Wohlbefindens. Man geht davon aus, dass psychische Aktivität bestimmt ist von Zielen, die der Befriedigung wichtiger psychischer Bedürfnisse dienen, dass also Menschen danach streben, ihre Bedürfnisse zu befriedigen und gleichzeitig versuchen, eine Verletzung zu vermeiden. Die vier wichtigsten, gut untersuchten Bedürfnisse sind: Orientierung und Kontrolle, Lustgewinn/Unlustvermeidung, Bindung und Selbstwerterhöhung. Diese Muster der psychischen Aktivität zur Erfüllung dieser Bedürfnisse bezeichnet man als motivationale Schemata.

Motivationale Schemata entwickeln sich bei der Interaktion des Individuums mit seiner Umwelt und bestimmen das Erleben und Verhalten eines Menschen. Sie stellen die Mittel dar, die ein Mensch hat, einerseits seine Grundbedürfnisse zu befriedigen, ein Annäherungssystem, und andererseits diese Bedürfnisse vor Verletzungen zu schützen, ein Vermeidungssystem.

Zum Annäherungssystem: In einem »positiven« Umfeld, in dem Grundbedürfnisse gut befriedigt werden, ist die Entwicklung von annähernden motivationalen Zielen möglich (Annäherungsschemata), es entsteht eine positive Erwartungshaltung.

Die positive Erwartungshaltung bewirkt, dass ein Mensch tatsächlich Verhalten ausprobiert, das zu Bedürfnisbefriedigung führt. Dadurch wird eine Differenzierung des Verhaltensrepertoires möglich, welches die Befriedigung von Bedürfnissen noch wahrscheinlicher macht. Denn je häufiger wichtige Ziele, Verhaltensweisen und damit verbundene Kognitionen und Emotionen aktiviert werden, desto fester werden diese Muster, desto einfacher aktivierbar sind sie in dafür relevanten Situationen und desto wahrscheinlicher ist ihre Aktivierung.

Zum Vermeidungssystem: In einem »negativen« Umfeld, in dem Grundbedürfnisse regelmäßig verletzt und nicht befriedigt werden, kommt es zur Entwicklung von vermeidenden motivationalen Zielen, bei denen es nicht mehr darum geht, ein Bedürfnis zu befriedigen, sondern darum, Verletzungen zu vermeiden (Vermeidungsschemata). Es bildet sich eine negative Erwartungshaltung (»ich schaffe es sowieso nicht«, »es wird wieder schief herauskommen«, »da kann man nichts machen« etc.). Die Herausbildung eines differenzierten Verhaltensrepertoires in Bezug auf Annäherungsverhalten zur Bedürfnisbefriedigung ist so nicht möglich, denn im Vordergrund steht das Vermeiden von negativen Erlebnissen und Emotionen. Je häufiger die Vermeidungsziele und die damit verbundenen Verhaltensweisen, Kognitionen und Emotionen aktiviert werden, desto leichter aktivierbar sind sie.

Das Modul »Werte und Schemata« befasst sich mit den Problemen der Burnout-Patienten und deren Entstehungsbedingungen. Am Anfang ist häufig zu beobachten, dass zwar alle Patienten sehr viel Stress in der Arbeit und/oder daheim hatten, aber ansonsten davon ausgehen, dass sie nicht viel gemeinsam haben. Darüber hinaus sehen die meisten Patienten ihre Situation draußen als unabänderlich an. Sie kommen oft mit der Vorstellung in die Klinik, hier wieder fit oder sogar noch fitter »gemacht zu werden«, um mit der »Alltagshölle«, die sie erwartet, besser zurechtzukommen. Sie möchten zwar irgendwie schon wissen, warum gerade sie jetzt »auf einmal« unter Burnout leiden, aber die Bereitschaft, grundsätzlich etwas an ihrem Leben zu ändern, ist eher gering.

Schließlich muss man sich ja mit den Gegebenheiten arrangieren, denn man möchte ja beispielsweise seinen »Lebensstandard« halten. Wenn man die Patienten dann fragt, ob sie das verdiente Geld in der Vergangenheit genießen konnten oder die zu versorgende Familie mit der Situation zufrieden gewesen sei, halten sie zumeist inne. Denn in diesem Moment wird vielen klar, dass das, was sie zu erreichen suchten, wie etwa Zufriedenheit, obwohl finanzielle Mittel verfügbar waren, gar nicht existiert hat.

> Eine Patientin, die sich viele Stunden dagegen ausgesprochen hatte, irgendetwas an ihrem Leben zu ändern, sagte am Ende ihrer Therapie, die sie als erfolgreich ansah, ihr habe folgender Satz der Gruppentherapeutin am besten weitergeholfen: »Sie sind hier, weil sie unglücklich sind.« Da sei ihr klar geworden, dass all ihr bisheriger, beruflicher Erfolg, ihr Status und ihre finanzielle Absicherung nichts wert waren, denn der Preis hierfür waren ihre Zufriedenheit und ihr Glück gewesen.

Somit geht es in diesem Modul auch zentral darum, die Motivation und Eigeninitiative des Patienten zu erhöhen, aktiv etwas zu verändern. Zur Erleichterung der Verständlichkeit wurden für dieses Modul die Annäherungsziele bzw. Vermeidungsziele von Grawe herangezogen. Dabei sollen die Patienten lernen, ihrem bisherigen Lebensmotto »Strebe nach Leistung!« bzw. »Vermeide Versagen!« ein neues Annäherungsziel als Basis für zukünftiges Verhalten zu wählen: »Strebe nach Glück!«

1. Sitzung

Psychoedukation

> **Anleitung für den Gruppenleiter**
>
> Der Gruppenleiter erklärt den Patienten anhand von Arbeitsblatt 4 (Anhang AB 4 – Modul 2), wie sie selbst (typische Burnout-)Situationen analysieren können. Ausgelassen, da nicht relevant, wird hierbei der Faktor K (Kontingenz). Im weiteren Verlauf wird deshalb anstatt der Bezeichnung SORKC-Schema SORC-Schema verwendet. Zunächst wird darauf verwiesen, dass die Organismusvariable zu einem späteren Zeitpunkt erklärt wird und daher bei den ersten Analysen keine Rolle spielt.
> Danach wird den Patienten zur Verdeutlichung des SORC-Schemas auf der Flipchart durch den Gruppenleiter anhand des unten aufgeführten Beispiels exemplarisch eine solche Analyse durchgeführt und dabei genau erläutert.
> In der Einzeltherapie geht es ebenfalls um die Vermittlung des SORC-Schemas und dessen Verdeutlichung anhand eines Beispiels. Optimalerweise wird hierbei eine Problemsituation des Patienten herangezogen.

Beispiel für eine Verhaltensanalyse nach SORC

S (Typische beobachtbare Situation):
Wiederholte, heftige Kritik durch den Chef bei bereits bestehender starker Arbeitsbelastung.

R (Reaktion, die in der Situation auftritt):
Ein typischer Gedanke in solchen Situationen könnte sein: »Was passiert jetzt, werde ich gefeuert?« Das resultierende Gefühl könnte Angst sein, die sich körperlich in Schwitzen, Herzklopfen und Magendruck äußern könnte. Ein Gefühl von Angst lässt auf der Verhaltensebene viele Menschen erstarren und sprachlos werden.

C (Konsequenzen des Verhaltens):
kurzfristige Konsequenz (Symptom aufrechterhaltend): Durch das Schweigen vermeidet die Person eine weitere Eskalation der Situation (negative Verstärkung).

langfristige Konsequenz: Die Person wird zunehmend durch die in ihr aufgestaute Wut belastet und fühlt sich zunehmend hilfloser, fremdbestimmt und verliert den Spaß an der Arbeit, was eine Burnout-Entwicklung begünstigt.

Gruppenarbeit/Einzelarbeit:
Nun werden zwei bis drei Situationsbeispiele der Patienten gesammelt und ebenfalls gemeinsam analysiert.

Ziel der Gruppenarbeit ist es, den Patienten anhand des SORC-Schemas die Selbstbeobachtung in kritischen Situationen zu lernen, um dann das eigene Verhalten und dessen Entstehung reflektieren zu können.

Beispiel eines Patienten

S (Typische beobachtbare Situation):
Arbeitsbeginn: Öffnen der E-Mails. Flut an Aufgaben, die bis zu einem bestimmten Zeitpunkt erledigt sein müssen, obwohl deren Umsetzung innerhalb der Arbeitszeit unmöglich realisierbar ist.

R (Reaktion, die in der Situation auftritt):
- Gedanke: »Das schaffe ich auf keinen Fall!«
- Gefühl: Angst

- Körper: Druck auf der Brust, Zittern etc.
- Verhalten: erstarren, unfähig zu beginnen

C (Konsequenzen des Verhaltens):

kurzfristige Konsequenz: kurzzeitige Vermeidung des Gefühls der Überforderung

langfristige Konsequenz: Versagensängste, Anstieg der Überforderung ...

Anleitung für den Gruppenleiter
Psychoedukation:

Anhand von Arbeitsblatt 5 (Anhang AB 5 – Modul 2) wird den Patienten die Bedeutung von Kognitionen innerhalb des SORC-Schemas im Sinne einer Steuerungsmöglichkeit für das eigene Verhalten verdeutlicht. Es wird ihnen neben der Notwendigkeit einer Analyse vermittelt, dass sie diese aufgrund ihrer kognitiven Verzerrungen auf ihren Wahrheitsgehalt überprüfen müssen, um gegebenenfalls mithilfe einer Realitätsprüfung zu modifizieren bzw. ersetzen. Danach wird ihnen die Organismus-Variable der vertikalen Verhaltensanalyse als Ursprung der dysfunktionalen Kognitionen deutlich gemacht und ihre Wirkung als übergeordnetes »Lebensmotto« (= Schema) auf das Verhalten erklärt.

Wichtig dabei ist, den Patienten deutlich zu machen, dass das Bild, welches sie von sich, ihrer Umwelt und ihrer Zukunft haben, nicht der Realität entspricht, sondern durch ihre Erkrankung verzerrt wird.

2. Sitzung

Psychoedukation

Anleitung für den Gruppenleiter

Das Modul dient dazu, **drei zentrale Fragen** zu beantworten, die es näher und individueller im Einzelsetting zu bearbeiten gilt: **Warum haben gerade ich und meine Mitpatienten ein Burnout? Welche Ziele muss ich verfolgen, um gesund zu werden? Was kann ich an mir und meiner Umgebung verändern, um gesund zu werden?**

Einzelarbeit:

Die Patienten werden angeleitet zu beurteilen, ob die auf dem Arbeitsblatt 6 (Anhang AB 6 – Modul 2) aufgeführten Schemata bisher eine Rolle in ihrem Leben gespielt haben oder nicht. Dabei sollen sie besonderes Augenmerk auf Erfahrungen in der Kindheit legen und sich solche Fragen stellen wie: Was wurde mir implizit vermittelt? Was wurde in unserer Familie an Werten besonders geachtet bzw. wie durfte man auf keinen Fall sein? Dabei ist der Hinweis wichtig, dass die Werte nicht nur direkt, sondern auch indirekt, beispielsweise durch Modelllernen, erworben werden können.

Gruppenarbeit:
Nach einzelner Bearbeitung werden die Ergebnisse bzw. Erinnerungen zusammengetragen. Jeder Patient kann seine Überlegungen zu bestimmten Werten äußern und seine Mitpatienten an seinen Erinnerungen teilhaben lassen. Im Anschluss werden alle Annäherungs- und Vermeidungsziele der Reihe nach durchgegangen. Der Gruppenleiter erfasst dabei, wie häufig die einzelnen Ziele eine Rolle spielten.

> Ziel der Einzel- und Gruppenarbeit ist es, dass an dieser Stelle den Patienten durch ihre Wahl deutlich wird, dass sie trotz aller Unterschiede eine (oder mehrere) wichtige Gemeinsamkeit haben: Ihr Leben stand und steht unter dem Motto: Strebe nach Leistung! Bzw. die letzten Jahre mit Zunahme der psychischen Belastung: Vermeide Versagen!

Erfahrungsgemäß werden die beiden Ziele von allen Patienten als handlungsleitend bewertet sowohl in der Vergangenheit wie auch in der Gegenwart. Damit einher gehen häufig auch das Streben nach Bildung oder das Vermeiden von Missachtung etc. Wichtig ist es, dass den Patienten klar wird, dass ihr Leben sich darum dreht, eine bestimmte Aufgabe zu erfüllen, und dass die psychische und auch physische Befindlichkeit in direktem Zusammenhang mit dieser Zielerreichung in Verbindung stand.

Psychoedukation

> **Anleitung für den Gruppenleiter bzw. Einzeltherapeuten**
> Den Patienten soll verdeutlicht werden, dass sie schon sehr früh mit hohen Ansprüchen an ihre Person konfrontiert wurden. Diese zunächst externen Ansprüche wurden dann im Laufe des Lebens in das eigene Wertesystem übernommen. Da aber, egal bei welchen Voraussetzungen, und mögen sie noch so günstig sein, kein Mensch dieser Welt immer 100 Prozent geben kann, kommen irgendwann die Tage, an denen er seinen eigenen Ansprüchen nicht mehr genügen kann. Dieser Zustand von Ungleichgewicht führt zu psychischen und

auch physischen Missempfindungen. Die Abwärtsspirale hat begonnen. Wichtig ist es, den Patienten klarzumachen, dass das ständige Streben nach Leistung bzw. das ständige Vermeiden von Versagen nicht der Weg sein kann. Dabei muss deutlich werden, dass es nicht darum geht, den Leistungsanspruch in ihrem Leben vollkommen zu negieren. Aber sie müssen sich darüber klar werden, dass es für ihre Gesundheit unumgänglich ist, ein anderes Annäherungsziel in ihr Leben zu lassen, das sie vor Rückfällen in die Depression bewahrt, und ihnen die Möglichkeit gibt, ihr Leben positiv zu verändern. Da die Selbstfürsorge von Burnout-Patienten stark unterentwickelt ist, werden die Patienten an dieser Stelle gebeten, sich bis zur nächsten Stunde zu überlegen, was sie einem geliebten Menschen, zumeist sind die eigenen Kinder die beste Wahl, antworten würden, wenn er ihnen die Frage stellen würde: »Was ist wichtig im Leben? Worum geht es?« Diese Perspektivenübernahme ist in Entscheidungssituationen häufig eine gute Möglichkeit, Selbstfürsorge zu entwickeln, indem man sich vorstellt, was man jemandem, den man liebt, raten würde.

3. Sitzung

Gruppenarbeit

In der nächsten Sitzung werden die einzelnen Ergebnisse zusammengetragen. Die Ideensammlungen der Patienten beinhalten dann zumeist bereits das gesuchte Lebensmotto: Strebe nach Glück!

Ziel der Gruppenarbeit ist es, dass die Patienten erkennen, dass ihnen für ihr persönliches Glück, als Oberbegriff für viele individuelle Vorstellungen, stets die Zeit gefehlt hat, trotz vorhandener materieller Güter, fester Arbeitsbedingungen etc. ... Glück bedeutet beispielsweise für Patienten: Zusammensein mit der Familie, Wiederaufnahme von Hobbys, Pflegen von sozialen Kontakten etc. ...

Psychoedukation

Anleitung für den Gruppenleiter

Viele Patienten stehen dann vor dem Problem, gar nicht genau zu wissen, was sie glücklich macht. Dies gilt es bereits während des Klinikaufenthaltes bzw. in der ambulanten Therapie herauszufinden. Dabei ist es wichtig den Patienten klarzumachen, dass Glück nicht immer die großen Dinge sind, dass es auch mehrere kleine Dinge sein können, die einen glücklich und zufrieden machen können. Wichtig ist hierbei, allmählich ebenso herauszuarbeiten, was – der eigenen realistischen Einschätzung nach – das eigene Glück am meisten bedroht. In typischen Burnout-Situationen sollen sich die Patienten nun zukünftig fragen: »Inwieweit beeinträchtigt das jetzt wirklich dauerhaft mein Leben?« »Inwieweit kann ich die Dinge nun wirklich beeinflussen und was nützt es mir jetzt, wenn ich mich gedanklich damit beschäftige?« **Dabei ist eine gewisse Dialektik, wie sie in der dialektisch behavioralen Therapie angewendet wird, notwendig. Die Patienten sollen lernen, die Vergangenheit, aber auch die Menschen um sich herum, als etwas von ihnen Unabänderliches zu akzeptieren (das Wissen darum, nur sich selbst ändern zu können, ist dabei wichtig) bei gleichzeitigem Lernen aus dem Vergangenen für die Zukunft.** Also eine radikale Akzeptanz der Vergangenheit bei Lernerfahrungen für die Zukunft.

Einzelarbeit
Die Patienten sollen in den kommenden Tagen nun typische Burnout-Situationen (also Situationen, die starke Missempfindungen in ihnen hervorrufen) nach dem SORC-Schema analysieren und überlegen, wie sie mit ihrem neuen »Lebensmotto« – das Streben nach Glück – Situation gedanklich verändern können. Beispielsweise anstatt zu denken: »Der ignoriert mich!«, den Gedanken zu entwickeln: »Vielleicht hat er mich nicht gehört bzw. auch wenn dieser Mensch mir jetzt nicht zuhört, ich kenne Menschen, die auf meine Meinung Wert legen.«

Ziel der Einzelarbeit ist es, die Selbstbeobachtung zu erweitern, um durch Generierung funktionaler Kognitionen eine Selbstkontrolle zu erreichen, die mit positiver Selbstbewertung und Erhöhung der Selbstwirksamkeit einhergeht.

4. Sitzung

Anleitung für den Gruppenleiter
Psychoedukation
Zumeist stellen sich die Analyse und eine kognitive Umstrukturierung für die Patienten zunächst als sehr schwierig dar. Hierbei ist es wichtig, den Patienten mithilfe von Arbeitsblatt 7 (Anhang AB 7 – Modul 2) zu vermitteln, dass diese neuen Gedankengänge, abgeleitet aus ihrem neuen Lebensmotto, geübt werden müssen, um die Assoziationsketten im Gehirn, nämlich das Denken, auf eine bestimmte Art und Weise zu verfestigen.

Gruppenarbeit
Die einzelnen Situationen und der erste Versuch einer kognitiven Umstrukturierung werden mit den einzelnen Patienten durchgearbeitet.

Hierbei wird der Patient durch den Gruppenleiter und die anderen Patienten bei fehlenden Ideen zur kognitiven Umstrukturierung und bei dysfunktionalen Kognitionen unterstützt, um neue funktionale Gedankengänge zu generieren. Diese Technik setzt ein hohes Maß an Selbstverantwortung voraus.

> Ziel der Gruppenarbeit ist es, den Patienten eine Methode zu vermitteln, deren Umsetzung zwar viel Übung und Anstrengung kostet, ihnen dafür aber die Möglichkeit bietet, ihr Leben selbst zu steuern und positiv zu verändern. Diese Möglichkeit der Kontrolle erzeugt Selbstwirksamkeit und Kompetenz.

Ergebnisse von Modul 2
Am Ende des Bausteins sollte jeder Patient:
- die persönlichen Burnout-Situationen identifizieren können
- Burnout-Situationen nach dem SORC-Schema analysieren können
- die eigenen dysfunktionalen Lebensmottos kennen
- die Zusammenhänge zwischen den Lebensmottos und Burnout verstehen
- Burnout-Situationen durch kognitive Umstrukturierung verändern können, indem die dysfunktionalen Lebensmottos durch das neue funktionale Lebensmotto (»Strebe nach Glück«) ersetzt werden

MODUL 3: Emotionen und Burnout

Ziel des Bausteins
- Vermittlung von Wissen über Gefühle und deren Entstehung
- Die Amygdala, der Hypothalamus und das autonome Nervensystem, der Nucleus accumbens, der Hippocampus
- Vermittlung von Wissen über die Bedeutung und die Funktion von Gefühlen
- Wie hängen Gedanken – Gefühle – Verhalten zusammen? Wie wirken diese aufeinander?
- Welche Gefühle spielen bei der Entwicklung und bei der Aufrechterhaltung von Burnout eine große Rolle?

Mittlerweile ist es gelungen, verschiedene Areale im Gehirn zu identifizieren, die mit Gefühlen und deren Funktionen zu tun haben. Genau wie bei allen anderen komplexen Hirnfunktionen wird auch das Gefühlsleben von vielen verschiedenen Zentren kontrolliert, die über große Teile des Gehirns verteilt sind und zusammen das sogenannte »limbische System« bilden.

Im Modul 3 sollen die Zusammenhänge der einzelnen Gehirnteile, die an der Entstehung von Emotionen beteiligt sind, verdeutlicht werden.

1. Sitzung

Psychoedukation

Anleitung für den Gruppenleiter
Bei Burnout besteht oft eine unrealistische Idee, bezogen auf die eigenen Kontroll- und Einflussmöglichkeiten.
 Diese Überzeugung von Kontrolle bezieht sich auch auf das Erleben und den Ausdruck von Emotionen. »Wenn ich nur möglichst vernünftig bin und denke, dann habe ich meine Gefühle im Griff und unter Kontrolle.«
 Für die Teilnehmer gibt es zum Modul 3 ein Handout, auf dem die wichtigsten Informationen zusammengefasst sind (Anhang: Handout 2 – Modul 3).

Mit Verweis auf die Arbeit mit Verhaltensanalysen (SORC-Schema) im Modul 2 soll in Modul 3 speziell auf die R-Variable (Reaktion) eingegangen werden. Und noch spezieller auf die emotionale Reaktion ($R_{emotional}$).

Es soll verdeutlicht werden, dass jedes Verhalten immer eine emotionale Komponente hat. Zudem soll verständlich werden, dass emotionale Prozesse kognitive Prozesse leichter steuern als umgekehrt. Dies bedingt auch die Erkenntnis, dass sich das Auftreten von Emotionen nicht verhindern oder kontrollieren lässt; wohl aber der Umgang damit.

Das Erleben von Emotionen hat eine lebenserhaltende Funktion. Deshalb ist es wichtig, Gefühle wahrzunehmen und ihre Inhalte zu berücksichtigen.

Vermittlung von Wissen über Gefühle und deren Entstehung
Zu den wichtigsten Zentren der Entstehung und Regulation von Emotionen gehören *die Amygdala, der Präfrontalkortex, der Hippocampus, der Hypothalamus und der Nucleus accumbens*. Sie werden unter dem Begriff »*limbisches System*« zusammengefasst.

Die limbischen Areale sind entwicklungsgeschichtlich älter als die *kognitiven Zentren (Präfrontalkortex)* und jünger als der *Hirnstamm,* in dem *basale Prozesse* wie z. B. Atmung und Kreislauf und die reflexhafte Steuerung von motorischen Aktivitäten angelegt sind.

Die *subkortikalen Hirnregionen haben sich wesentlich früher entwickelt als die kortikalen*. Das limbische System war also vor der Entwicklung der kognitiven Zentren schon vorhanden.

Die Steuerung des Verhaltens von Primaten und entfernter Verwandter der Menschen basiert zum überwiegenden Teil auf subkortikalen, emotionalen Prozessen.

Eine kognitive Beeinflussung hat sich erst in der Neuzeit entwickelt und ist damit immer abhängig von emotionalen Prozessen.

Die Verhaltensweisen von Menschen werden demzufolge entscheidend von emotionalen Gehirnzentren beeinflusst, die sich über Millionen von Jahren weitgehend erhalten haben.

Neuronale Projektionen der emotionalen Systeme auf die kognitiven Systeme sind viel stärker ausgebildet, als es in umgekehrter Richtung der Fall ist.

Um dies zu verdeutlichen, kann folgende Abbildung genutzt werden.

Emotionale Prozesse → **Kognitive Prozesse**

Emotionale Prozesse können kognitive Prozesse wesentlich leichter beeinflussen als umgekehrt

---

Emotionale Prozesse

- Können ohne vorhergehende bewusste oder unbewusste kognitive Prozesse ablaufen
- Emotionale Prozesse mit niedriger Intensität
- Emotionale Prozesse mit hoher Intensität
- Aktivierung emotionaler Prozesse
- Hemmung emotionaler Prozesse

Kognitive Prozesse

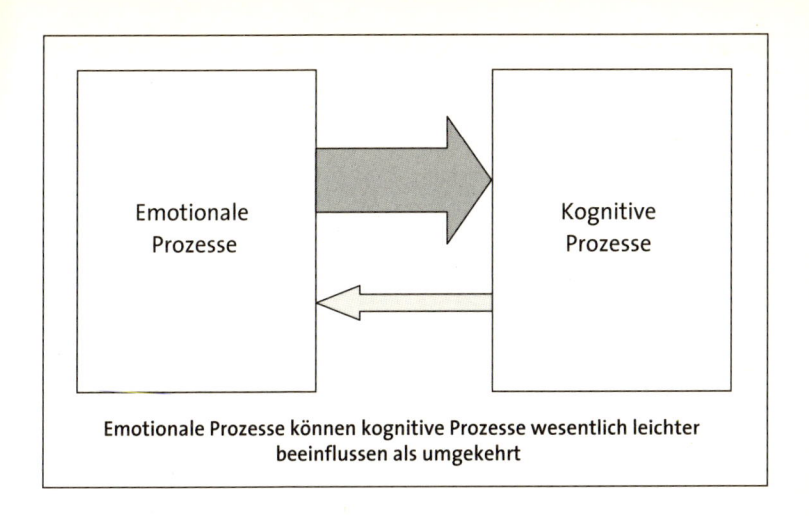

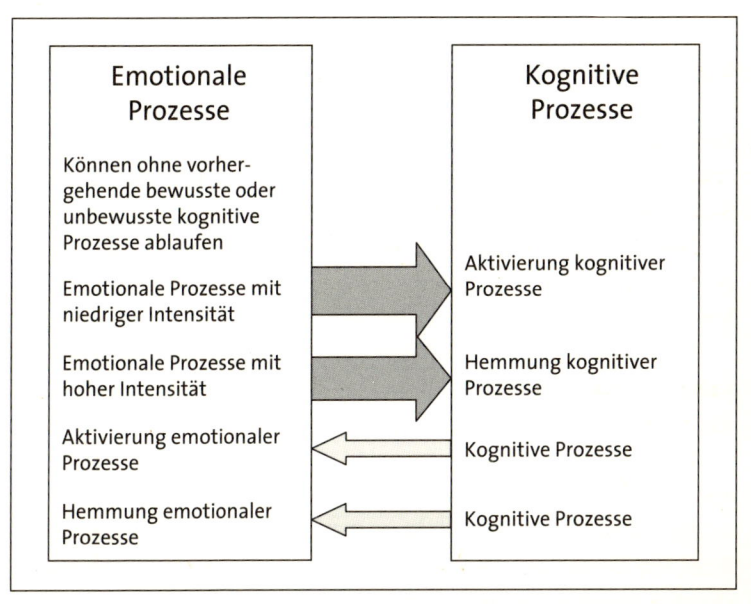

- Aktivierung kognitiver Prozesse
- Hemmung kognitiver Prozesse
- Kognitive Prozesse
- Kognitive Prozesse

AB 7: Modul 3 »Wechselwirkungen zwischen Emotion und Kognition«

2. Sitzung

Anleitung für den Gruppenleiter

Gegenstand der 2. Sitzung ist die Vermittlung biologischer Hintergründe bei der Entstehung von Emotionen. Ziel ist, die Zusammenhänge der einzelnen Hirnfunktionen darzustellen.
Die Ergebnisse des Moduls werden im Modul 4 Stressbewältigung und Ressourcenarbeit verwendet.

Die Amygdala (Mandelkerne)

Die Amygdala gehört zum limbischen System und ist eines der wichtigsten emotionalen Zentren im Gehirn.

In der Amygdala sitzt unser emotionales Gedächtnis, in ihr werden Emotionen erzeugt. Die Amygdala ist dafür zuständig, wahrgenommene Reize »blitzschnell« auf ihre Bedeutung einzuschätzen – gefährlich oder ungefährlich. Diese Einschätzung ist von überlebenswichtiger Funktion, da bei der Wahrnehmung von Gefahren sofort und instinktiv Reaktionsprogramme aktiviert werden.

Durch diese Funktion ist die Amygdala für alle Lebewesen von entscheidender Bedeutung.

In Untersuchungen wurde gezeigt, dass die Amygdala bereits Emotionen erzeugt, obwohl es vom zeitlichen Verlauf noch keine kognitiven Prozesse geben kann. Das bedeutet, dass die Amygdala durch die Präsentation nicht bewusst wahrnehmbarer emotionaler Bilder aktiviert wird.

Die Amygdala ist ein Hirnareal, das zur Verknüpfung von Reiz und Reaktion dient. Es funktioniert auch ohne kognitive Prozesse. Die Amygdala ist sowohl bei negativen als auch bei positiven Stimuli bzw. Emotionen aktiv.

Zusammen mit dem Orbitofrontalkortex stellt die Amgydala die Gehirnstruktur dar, in der die motivationale bzw. emotionale Bedeutung eines bestimmten Reizes gespeichert ist.

(Was bedeutet der wahrgenommene Reiz für mich persönlich, welche Erfahrungen sind damit verbunden, welche Erlebnisse …)

Ist ein bestimmtes Ereignis (Situation) mit einer bestimmten Emotion verknüpft, wird diese Verknüpfung als emotionale Erinnerung in der Amygdala gespeichert.

Je häufiger das Ereignis und die Emotion gemeinsam aufgetreten sind, umso stärker ist die Erinnerung. Es kommt zu einer Generalisierung.

Tritt eine ähnliche Situation wieder auf, kommt es zur Aktivierung der gespeicherten Inhalte.

Beispiel: Erlernte Hilflosigkeit von M. Seligman (2000)
Je häufiger ein Mensch die Erfahrung macht, dass er durch sein Verhalten keinen oder nur unzureichend Einfluss darauf hat, unangenehme Situationen positiv zu verändern, umso stärker wird sein Erleben von Macht- und Hilflosigkeit sein. Das Verhaltensrepertoire engt sich weiter ein, weil der Betroffene erwartet, dass er sich »nicht helfen kann«. Es kommt zu einer Generalisierung, d. h., die gemachten Erfahrungen werden auf »alle neuen Situationen übertragen« (Seligman 2000).

Da es sich um eine gelernte emotionale Reaktion handelt, kann diese ohne vorherige Aktivierung der Kognitionen (kortikale Gehirnstrukturen), also ohne bewusste Wahrnehmung und Verarbeitung, auftreten.

Die emotionale Erinnerung kann sich z. B. nur durch körperliche Begleiterscheinungen bemerkbar machen, ohne dass uns der Zusammenhang mit dem früheren Ereignis bewusst ist.

Der Hypothalamus und das autonome Nervensystem
Im Hypothalamus werden adaptive körperliche Vorgänge gesteuert. Zudem wurden grundlegende Motive wie Sexualität, Hunger und Durst vermittelt.

Der Hypothalamus ist für die Regulation der vegetativen Komponenten von emotionalen Prozessen verantwortlich wie z. B.: Kreislaufregulation, Kortisol- und Noradrenalin-Ausschüttung. Dies geschieht über die Regulation des autonomen Nervensystems mit Sympathikus und Parasympathikus.

Durch die Verbindung mit der Amygdala kann der Hypothalamus die für eine bestimmte Emotion notwendigen vegetativen Vorgänge entscheidend beeinflussen.

Beispiel: Bei Angst sorgt der Hypothalamus dafür, dass der Körper die notwendigen Vorgänge für eine Flucht, wie z. B. Erhöhung des Pulsschlags, Erhöhung des Blutdrucks, sowie die Bereitstellung von Energie einleitet.

Auf bestimmte Emotionen folgen bestimmte Körperreaktionen, die z. B. als Kloßgefühl im Hals, Anspannung, Herzklopfen etc. wahrgenommen werden.

Körperliche Vorgänge, die auf einer Aktivierung des autonomen Nervensystems beruhen, treten häufig vor der bewussten Wahrnehmung des Gefühls auf.

Das Wissen darum ist besonders wichtig, wenn Betroffene die Wahrnehmung und Auseinandersetzung mit ihren unangenehmen Emotionen lange und intensiv vermieden und Emotionen ausschließlich als körperliche Reaktion wahrgenommen haben.

Nucleus accumbens
Der Nucleus accumbens vermittelt positive Emotionen beim Auftreten bzw. bei der Annäherung an eine Belohnung (Spitzer 2004). Unter Belohnung lassen sich alle Aktivitäten verstehen, die eine positive Emotion bewirken, z. B. Schokolade, Schuhe kaufen, Geld, Glücksspiele, Sexualität, Blickkontakte mit attraktiver Person, Drogen, Zigaretten etc.

Alle diese Belohnungen bewirken eine erhöhte Dopaminausschüttung und gehen mit der gesteigerten Aktivität des Nucleus accumbens einher.

Der Nucleus accumbens muss ungestört funktionieren, damit das Erleben angenehmer Emotionen möglich ist. Bei vielen psychischen Störungen ist die Konzentration verschiedener Neurotransmitter (Serotonin, Noradrenalin, Dopamin etc.) gestört. Ein Dopaminmangel in dieser Region hat fatale Folgen für das psychische Wohlbefinden des Menschen.

Der Hippocampus
Der Hippocampus ist zusammen mit dem Temporallappen der neuroanatomische Sitz des bewusst speicherbaren und abrufbaren Gedächtnisses.

Hierzu gehören Erinnerungen an Orte, Zeiten, Situationen. Wenn man sich an den letzten Urlaub erinnert, sieht man z. B. den Strand, die Bar ... vor sich.

Der Hippocampus wird beim Erinnern an Bilder deutlich aktiver sein als z. B. beim Hören eines Musikstücks.

Zusammenfassung: Emotionale Zentren im Gehirn regulieren die kognitiven Zentren und umgekehrt. Aber der Einfluss der kognitiven Zentren ist deutlich schwächer.

3. Sitzung

Vermittlung von Wissen über die Bedeutung und Funktion von Gefühlen

In dieser Sitzung sollen die Teilnehmer Informationen über die Bedeutung und über die Funktion von Gefühlen erhalten. Zudem ist es wichtig, dass die psychoedukativen Teile durch das Wissen der Teilnehmer ergänzt werden.

Psychoedukative Elemente

Gefühle bestehen aus vier Komponenten:
1. Somatisches Geschehen (Pulsbeschleunigung, Herzschlagerhöhung …)
2. Verhaltensanteil (Handlung bzw. Handlungsimpuls)
3. Kognitionen (Wahrnehmung, gedankliche Repräsentation und Bewertung)
4. Subjektiv empfundene Komponenten.

Gefühle haben unterschiedliche Funktionen:
- Sie dienen als Warnhinweis oder Signal
- Negative Emotionen sind ein Signal zur Verhaltensveränderung, da durch sie ein unangenehmes Erleben beendet werden kann
- Sie mobilisieren uns zu Handlungen
- Sie dienen zur Orientierung und Kontrolle
- Sie dienen dem Lustgewinn bzw. dem Vermeiden von Unlust
- Sie haben eine Mitteilungsfunktion
- Sie helfen bei der Verarbeitung von Erlebnissen
- Ohne emotionales Erleben sind wir entscheidungsunfähig.

Gefühle zeigen die Befriedigung oder die Frustration von Bedürfnissen an. Unter Bezugnahme der Lerninhalte aus Modul 2 werden folgende Beispiele zur Verdeutlichung verwendet:

Bedürfnis	Reaktion aus Umwelt	Emotion
Nach Bindung	Zurückweisung	Angst
Nach Bindung	Kontakt	Geborgenheit
Nach Selbstwert	Kritik	Minderwertigkeit
Nach Selbstwert	Lob	Stolz

Gefühle initiieren adaptive Handlungen bezogen auf die eigenen Bedürfnisse und die jeweilige Umgebung/Umwelt.

Bedürfnis	Umwelt	Emotion	Handlung
Sicherheit	Unsicher	Angst	Weglaufen
Bindung	Zurückweisung	Angst	Rückzug
Selbstwert	Lob	Stolz	Aktivität
Kontrolle	Überforderung	Ärger	Ablehnen

Außerdem werden die Grundbedürfnisse des Menschen angesprochen: Selbstwert, Orientierung und Kontrolle, das Bedürfnis nach Bindung, der Gewinn von Lust und die Vermeidung von Unlust. Deren Befriedigung verschafft ein Gefühl von Zufriedenheit; Nichtbefriedigung erzeugt Frustration und Unzufriedenheit.

Gemeinsam reflektieren wir mit den Teilnehmern, wie gut sie in der Lage sind, ihre Bedürfnisse wahrzunehmen und diese so zu kommunizieren, dass sie weitgehend verstanden und häufig auch befriedigt werden.

Übertragen auf das individuelle Burnout-Geschehen der einzelnen Teilnehmer wird deutlich, dass viele ihre Bedürfnisse seltener kommunizieren, wenn es darum geht, etwas einzufordern oder etwas abzulehnen. Als Gründe dafür werden Angst vor Egoismus, Angst vor Ablehnung, Angst, andere zu verletzen, und mangelnde Übung angegeben. Gleichzeitig berichten viele Teilnehmer, dass sie sich häufig missverstanden und zurückgesetzt fühlen, ohne dies offen und direkt anzusprechen.

Dies kann zum Erleben von Kränkung und Enttäuschung führen.

Wir unterscheiden zwischen *primären* und *sekundären Gefühlen*.

Primäre Gefühle sind unmittelbar in der Situation auftretende Gefühle. Sie sind nicht gelernt. In Reinform lassen sie sich bei Kindern beobachten. Hierzu gehören: Furcht, Wut, Liebe.

Sekundäre Emotionen sind zeitlich verzögert auftretende, kognitiv bearbeitete reaktive Emotionen, die häufig dazu dienen, die primäre Emotion zu verdecken.

Beispiel:
Ein Ingenieur erhält ein Projekt, für das er von seinem Vorgesetzten als Hauptverantwortlicher eingesetzt wird. Er erhält die Zusage, dass er autonom arbeiten kann und die notwendigen Mittel erhält. Die Abgabe des Projekts ist an einen festen Termin gebunden. Wie er sein Ziel erreicht, ist nicht entscheidend. Wichtig ist, dass er gute Ergebnisse liefert.

Trotz dieser klaren Vereinbarungen »mischt« sich der Vorgesetzte wiederholt in die Arbeitsabläufe ein, leistet bei der Beantragung der Mittel die notwendigen Unterschriften zu spät und wünscht Veränderungen in der Arbeitsweise.

Nach seinem Gefühl befragt, antwortet der Ingenieur, dass er Angst habe, seinen Arbeitsplatz zu verlieren, weil er das Projekt nicht gut mache. Durch geleitetes Entdecken erkennt er, dass seine *primären Gefühle Wut und Ärger* auf die Einmischungen seines Vorgesetzten sind. Diese erlaubt er sich und »wandelt« das primäre Gefühl in das *sekundäre Gefühl von Angst* um. Wut und Ärger waren ihm damit nicht mehr zugänglich.

Im Modul 3 lernten die Teilnehmer, dass wichtige emotionale Erfahrungen mit der Umwelt als Schemata gespeichert werden.

Nach der Schematherapie (Young 2008) werden insbesondere primäre Emotionen, Stimmungen, körperliche Reaktionen und Empfindungen gespeichert.

Ein Schema wird durch situative Reize automatisch aktiviert und unbewusst durch kognitiv-behaviorale Prozesse »exekutiert«. Es hat eine sogenannte emotionale Konditionierung stattgefunden.

Beispiel:
Herr M. wurde in Kindheit und Jugend dauernd kritisiert. Sein Grundbedürfnis nach Selbstwert wurde permanent frustriert. Emotional erlebte er ein generalisiertes Gefühl von Minderwertigkeit.

Er reagierte mit Rückzug und Vermeidung von Leistungssituationen, um sich vor weiterer Frustration zu schützen und Gefühle von Minderwertigkeit zu vermeiden.

Im Erwachsenenalter führte jede Leistungssituation zu einer maladaptiven (nicht angemessene), primären Emotion von Minderwertigkeit.

A: Situation (Kritik durch Vorgesetzten)
B: Bewertung (»Der mag mich nicht ...«)
C: Emotion (Traurig).

Die primäre Emotion könnte hier also Minderwertigkeit sein, die sekundäre Traurigkeit.

Um die Wechselwirkungen darzustellen, verwenden wir folgendes Schaubild:

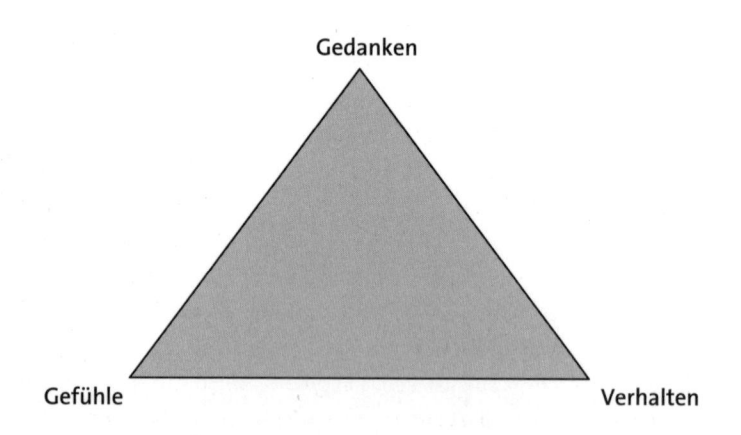

```
            Gedanken
              /\
             /  \
            /    \
           /      \
          /        \
    Gefühle ------ Verhalten
```

Um die Zusammenhänge spielerisch zu erarbeiten und zu verdeutlichen, *kann* auf die folgende Übung zurückgegriffen werden.

Hinrich Bents (2005) hat in seinem Buch »Verhaltenstherapie bei Angststörungen« eine sehr interessante Übung beschrieben, in der es um die Zusammenhänge zwischen Gefühl und Kognition geht. Diese kann sowohl in der Einzeltherapie als auch in der Arbeit mit der Gruppe eingesetzt werden.

Die Übung dauert ca. 30 bis 40 Minuten.

Beschreibung und Anleitung

Bents (2005) nennt die Übung Fußballtraining. Ziel ist die Identifikation und Veränderung von Kognitionen unter Problemaktualisierung.

Er beschreibt die Übung folgendermaßen:
»Kognitionen, die für aversives Erleben und Verhalten verantwortlich gemacht werden können, werden i. d. R. erst in spezifischen Situationen aktiviert. Außerhalb solcher Situationen können sich auch schwer beeinträchtigte Patienten ganz gut von ihren irrationalen Gedanken distanzieren, und deshalb fällt es ihnen oft gar nicht leicht, sich dieser Gedanken (Befürchtungen, Verhaltensinstruktionen, dysfunktionale Selbsteinschätzungen) zu erinnern. Es empfiehlt sich deshalb, zunächst eine Beispielsituation zu imaginieren (oder mit einem kurzen Verhaltensexperiment sogar herstellen) und anhand dieser Beispielsituation die (Angst auslösenden oder depressiv machenden) Gedanken zu eruieren. Die Leitfrage lautet in etwa: ›Was müssen Sie in dieser Situation denken, damit Sie so richtig in Panik geraten oder schwer bedrückt werden?‹

Als bildhafte Analogie kann man die Vorstellung einer Fußballmannschaft (z. B. FC Panik oder VfB Schwermut) entwerfen, deren Spieler jeweils mit einen der Angst machenden oder bedrückenden Gedanken repräsentiert. Diese Spieler sind seit Langem im ›Kopf des Patienten zu Hause‹, haben also ein Heimspiel, das Publikum auf ihrer Seite, den Schiedsrichter bestochen und kennen alle Fouls und Tricks, um den Gegner in Grund und Boden zu spielen.

Es kommt in der kognitiven Therapie jetzt darauf an, eine gute Gegenmannschaft aufzustellen. Ein guter Trainer – in dem Fall der Patient – studiert zunächst jeden Spieler des ›FC Panik oder VfB Schwermut‹ und versucht, dessen Stärken und Schwächen herauszufinden. Dazu wird jedem Spieler ein besonders wirksamer irrationaler Gedanke zugeordnet. Der Effekt dieses Vorgehens ist meist eine zunehmende Aktivierung von Angstgefühlen oder depressiven Stimmungen bei den Patienten – also eine durchaus gewünschte Bestätigung des Potenzials dieser Gedanken. Nun wird geprüft, ob die gefundenen Gedanken überhaupt realistisch oder nützlich sind (z. B. wird der Satz ›das überleb ich nicht‹ meist schnell als wirksam, aber unrealistisch erkannt).

Jedem dieser irrationalen Gedanken wird nun ein – möglichst realistischer und sinnvoller – Gegengedanke gegenübergestellt. Nach und nach wächst so aus diesen Gegengedanken eine neue Mannschaft (nennen wir sie den ›SV Mut‹), d. h. ein neues Netzwerk sinnvoller Kognitionen, die eine erfolgreichere Angstbewältigung oder bessere Stimmung erwarten lassen. Die neuen Kognitionen zeigen ihre Wirksamkeit schon bei der kurzen Episode ihrer Aufstellung, denn dies geschieht durchaus unter Problemaktualisierung, also Annäherung an die bisher auch in der Vorstellung vermiedenen Problemsituationen. Es sollte aber bedacht werden, dass es sich bei diesen neuen Kognitionen noch um eine junge, unerfahrene Mannschaft handelt, die erst noch trainiert werden und die auch noch Erfahrungen sammeln muss (auch solche des Scheiterns).

Auf diese Weise erfahren Patienten, wie wirksam Kognitionen für das emotionale Erleben sind, aber auch wie systematisches Training das emotionale Erleben durch die Aktivierung alternativer Kognitionen geändert werden kann. Es muss an dieser Stelle nicht betont werden, dass diese Technik der kognitiven Umstrukturierung besonders wirksam im Gruppensetting ist.«

Aus: Hinrich Bents (2005), Verhaltenstherapie bei Angststörungen. Psychotherapie im Dialog, 6 (4), 382–389, in Fliegel und Kämmerer (2009)

Wir modifizierten die Übung mit den Teilnehmern, indem wir in einer Gruppenarbeit die »SpVgg Burnout« aufstellten.

Die Übung *kann* als Vorbereitung auf die Arbeit mit dem folgenden A-B-C-Modell verwendet werden.

4. Sitzung

Anleitung für den Gruppenleiter
Das im Modul 2 gelernte SORC-Schema (Kanfer 1995) wird um das A-B-C-Modell von Ellis (in Stavemann 2008) erweitert.

Auch wenn im Modul 2 die Arbeit mit Verhaltensanalysen ausführlich besprochen wird, erscheint es uns wichtig, das A-B-C-Modell von Albert Ellis einzuführen. Dies kann als »doppelt oder verwirrend verstanden werden«. Dieses Risiko nehmen wir in Kauf.

Psychoedukation: Einführung des A-B-C-Modells
Um den Teilnehmern die individuelle Bewertungen/Überzeugungen (beliefs) und die entsprechenden Konsequenzen von ausgewählten Situationen zu verdeutlichen, wird gemeinsam das A-B-C-Schema erarbeitet. Dafür erhalten alle das folgende A-B-C-Schema als Arbeitsblatt (Anhang AB 9 – Modul 3)

Ausgangssituation A	Objektive Beschreibung der Situation	Was geschieht jetzt gerade mit meinen Gedanken? Was geschieht jetzt gerade mit meinem Gefühl? Wie würde jemand anderes, ohne Vorwissen, die Situation wahrnehmen und beschreiben?
Bewertung B	Alle bewussten und verdeckten Gedanken in der Situation	Persönliche Sichtweise: Was sehe ich mit meiner persönlichen Geschichte und meiner Vorstellung in der Situation A? Schlussfolgerung und vermutliche Konsequenzen: Welche Schlussfolgerungen ziehe ich aus meiner persönlichen Sichtweise der Situation? Welche Konsequenzen vermute ich? Bewertung: Wie finde ich diese?
Konsequenzen C	Welche Konsequenzen hat meine Bewertung auf: Mein Gefühl? Mein Handeln?	Konsequenz für Gefühl: Welches Gefühl habe ich nach der Beantwortung von B? Konsequenz für Verhalten: Was genau tue ich nun? Wie verhalte ich mich?

(Quelle: Stavemann [2008] KVT-Praxis: Strategien und Leitfäden für die kognitive Verhaltenstherapie)

Die Teilnehmer werden angeregt, in sogenannten Spaltenprotokollen Situationen oder Ereignisse zu reflektieren.

Aus der vorangegangenen Einübung des A-B-C-Schemas kann die nachfolgende Tabelle als Hausaufgabe verwendet werden (Anhang AB 10 – Modul 3).

Wie würde ich »automatisch bewerten« und fühlen und welche

alternativen Bewertungen und Gefühle wären ebenfalls denkbar und evtl. hilfreicher?

Situation/ Ereignis	Automatische Bewertung/ automatische Gedanken	Gefühle	Alternative, hilfreichere Gedanken	**Alternative Gefühle**

Quelle: Stavemann (2008) KVT-Praxis: Strategien und Leitfäden für die kognitive Verhaltenstherapie

Ziel der Übungen ist, automatisch ablaufende Bewertungen und damit verbundene Gefühle bewusster und zugänglicher zu machen, das eigene Befinden zu verändern, Alternativen im Handeln zu entwickeln und dadurch längerfristig das Selbstwerterleben zu stärken.

Ein Beispiel aus der Praxis:

In der Einzeltherapie berichtet ein Patient, dass er sich vor Besprechungen mit Vorgesetzten derart fürchte, dass er seinen eigenen Arbeitsbereich nicht mehr gut vertreten könne. Er beginne zu stottern, verliere den Faden, sei aufgeregt und nervös. Auf Gedankenebene beschreibt er: »Ich werde mich vor allen anderen lächerlich machen. Alle werden sehen, dass ich unfähig bin.«

Emotional beschreibt er Gefühle von Angst und den Wunsch, »spurlos zu verschwinden«.

In der Therapie erarbeitete er sich alternative Gedanken, die dann auch zu einer Veränderung seines emotionalen Erlebens führten.

In der Erarbeitung halfen ihm das Erlernen von Kurzentspannungs-

und Ablenkungsstrategien, um die Angst in einem erträglichen Ausmaß zu halten, und das Üben der Angst auslösenden Situation in Form von Rollenspielen.

Er entwickelte alternative Gedanken wie z.B.: »Ich darf aufgeregt sein, weil es in der Besprechung um was Wichtiges geht. Die Situation bringt Anspannung mit sich. Ich habe schon viele Besprechungen wahrgenommen, und oft war die Situation nicht so belastend, wie ich zuvor vermutet habe.«

5. Sitzung

> **Anleitung für den Gruppenleiter**
> Oftmals berichten Teilnehmer in der retrospektiven Analyse ihrer individuellen Burnout-Entwicklung von erlebten Kränkungen und Enttäuschung, die manchmal schon lange zurückliegen. Obwohl die individuellen Situationen unterschiedlich waren, wird deutlich, dass ähnliche Emotionen diesbezüglich erlebt wurden.
> Ein Austausch darüber verschafft persönliche Entlastung, weil es »den anderen« ähnlich ging und es sich deshalb nicht nur um ein persönliches Versagen handeln kann.
> Aus diesem Grund erscheint es uns wichtig, Raum zum Mitteilen und Mitfühlen der erlebten Kränkungen zu schaffen und die Teilnehmer darüber berichten zu lassen.

Möglicherweise füllen diese individuellen Berichte und Erfahrungen die ganze Sitzung aus. Entscheidend ist die Möglichkeit, sich durch offenes Aussprechen zu entlasten und mit der verhaltenstherapeutischen Technik des geleiteten Entdeckens die Zusammenhänge zwischen der Kränkungssituation, evtl. bestehenden biografischen Hintergründen, und den Folgen zu verstehen.

Zur Vorbereitung des Themas empfehlen wir eine kurze Einführung ins Thema: Kränkung.

Spezielle Gefühle in Verbindung mit Burnout
Burnout ist häufig in Verbindung mit kränkenden Erlebnissen, mangelnder Anerkennung der erbrachten Leistungen, Versetzungen in andere Abteilungen, fehlende Würdigung von Engagement und Einsatz entstanden.

Betroffene berichten einen engen Zusammenhang zwischen dem

Erleben von Selbstwert und erbrachten Leistungen. Ein wichtiges Schemata ist: »Ich werde für das geliebt, was ich tue.« Bei Leistungseinbußen oder dem Wegfall durch völlige Erschöpfung ist automatisch das Selbstwerterleben bedroht. Zudem bestehen stärker werdende Ängste vor Leistungsversagen, was sich aufgrund der zunehmenden Erschöpfung dann häufig auch bewahrheitet.

Im Verlauf der Burnout-Symptomatik fällt neben der Anerkennung und der Würdigung am Arbeitsplatz auch häufig die soziale Unterstützung durch Lebenspartner, Freunde und Familie weg, da sie das »Über«enagagement nicht verstehen können und i.d.R. schon lange vorher intervenierten, »langsamer zu tun«.

Viele Teilnehmer wünschen sich Lob und Anerkennung von »außen«, dass sie »ernst genommen werden« oder mehr Wertschätzung erfahren und »nicht alles so selbstverständlich ist«.

In der Auseinandersetzung mit sich selbst wird vielen Teilnehmern deutlich, dass sie sich selbst kaum wertschätzen, sich mit ihren Bedürfnissen nur bedingt »ernst nehmen«, sich selten loben, sondern dies unter »Selbstbeweihräucherung« abtun. »Das ist doch selbstverständlich!«

MODUL 4: Präventive Maßnahmen gegen Burnout

Ziel des Bausteins
- Identifikation persönlicher Stresssituationen bzw. Stressreize
- Vermittlung des (persönlichen) kognitiven Bewertungsprozesses (primary/secondary appraisal)
- Vermittlung von konstruktiven und destruktiven Stressbewältigungsstrategien
- Vermittlung eines sinnvollen Zeitmanagements
- Aktivieren von Ressourcen zur Unterstützung des Heilungsprozesses
- Erkennen von Möglichkeiten der Selbstfürsorge

Theoretischer Hintergrund
Das transaktionale Stressmodell von Lazarus geht davon aus, dass die Reaktion auf Stressfaktoren maßgeblich von den Gedanken, Beurteilungen und Bewertungen einer Person in der jeweiligen Situation bestimmt wird.

Stress entsteht, wenn ein Ungleichgewicht besteht zwischen den Anforderungen, die an eine Person gestellt werden, und den persönlichen Möglichkeiten und Ressourcen, die zur Verfügung stehen, um die Anforderungen zu bewältigen. Zunächst wirken Umweltreize (also potenzielle Stressoren) auf eine Person ein. Die Beurteilung dieser Reize erfolgt durch eine primäre und sekundäre Bewertung. Die kognitiven Bewertungen, genannt »appraisals«, werden als das zentrale Bestimmungsstück von Stress gesehen.

In einer primären Bewertung (primary appraisal) stellt sich die Person in Bruchteilen von Sekunden dabei Fragen wie: Ist der Reiz gut für mich, schlecht oder irrelevant? Wird die Situation als negativ eingeschätzt, wird der Stressor entweder als Bedrohung oder als Herausforderung beurteilt.

Zur primären Bewertung kommt nun eine sekundäre Bewertung (secondary appraisal) hinzu. Dabei handelt es sich um eine Reflexion persönlicher Bewältigungsmöglichkeiten. Diese Ressourcen (wie z. B. Selbstvertrauen, Kompetenz usw.) sind von der individuellen Wahrnehmung eines Menschen abhängig. Werden sie als unzureichend für die Bewältigung eingestuft, entsteht Stress.

Zusammenfassend lässt sich sagen, dass es zu einer Ereigniswahrnehmung und einer Ressourcenwahrnehmung kommt. Eine Stressreaktion beinhaltet bestimmte Emotionen (z. B. Angst, Anspannung, Ärger etc.), körperliche Veränderungen (Atmung, Hormonausschüttung, Muskelanspannung) und das beobachtbare Verhalten einer Person (z. B. Selbst- und Fremdaggression, Flucht etc.).

Die o. g. subjektiven Bewältigungsstrategien nennt man »Coping«. Welche Bewältigungsstrategien letztlich ausgewählt werden, hängt von unterschiedlichen Faktoren ab, von den Schemata/Lebensmottos bzw. von den Erfahrungen, von der wahrgenommenen Unterstützung durch andere usw.

Man unterteilt die Bewältigungsstrategien in »funktional« und »dysfunktional«, d. h. nachhaltig Erfolg versprechend oder ungünstig/erfolglos in Bezug auf eine Problemlösung oder vom eigentlichen Problem lediglich ablenkend. Je nach Rückmeldung darüber, wie erfolgreich eine verwendete Lösungsstrategie war, oder durch Ressourcenerweiterung kann es zur Neubewertung einer Situation kommen. D. h., eine ursprünglich als »Bedrohung« empfundene Situation sieht die Person beim nächsten Mal als »Herausforderung«.

Auch die Stressverarbeitung kann in funktional (z. B. aktive Entspannungstechniken) und dysfunktional (Suchtverhalten) unterteilt werden. Patienten, die ein Burnout bzw. eine Depression entwickeln, benutzen zumeist dysfunktionale Strategien, die langfristig eine negative Entwicklung nur noch begünstigen. Unter Einsatz von persönlichen Ressourcen (z. B. Organisationstalent) können die Patienten lernen, weitere funktionale Stressverarbeitungsstrategien zu generieren, aber auch die Zeit der Erholung effektiv zu nutzen.

Die Zeit zur Erholung setzt wiederum ein gutes Zeitmanagement voraus, das genügend Raum für die eigene Selbstfürsorge einplant. Neben neu entdeckten bzw. wiederentdeckten Ressourcen tragen beispielsweise auch Achtsamkeit oder das Praktizieren angenehmer Tätigkeiten zur Erholung bei.

Sitzung 1

Gruppenarbeit

Gemeinsam mit allen Teilnehmern wird erarbeitet: »Was ist Stress? Wie lässt sich Stress beschreiben? Wie wirkt sich Stress aus? Kurzfristig? Langfristig? Wie macht sich Stress bemerkbar? Was sind die Folgen von Stress?«

Als Nächstes wird gemeinsam erhoben, wie sich die einzelnen Teilnehmer bei Stress verhalten haben. Erinnerungsberichte werden exemplarisch an der Flipchart gesammelt.

Ziel der Gruppenarbeit ist ein reger Erfahrungsaustausch unter den Patienten und der daraus folgenden Erkenntnis, dass es viele Übereinstimmungen in Bezug auf Stress auslösende Situationen gibt und dass deren belastende Auswirkungen maßgeblich an der Entstehung des Burnout-Syndroms beteiligt waren.

Anleitung für den Gruppenleiter

Psychoedukation

Stress ist eine körperlich und seelisch notwendige Reaktion des Körpers auf externe Stressoren (wie z. B. Hitze oder Lärm) und interne Reize (z. B. Erwartungshaltungen und Befürchtungen), welche die Bewältigungsmechanismen des Einzelnen übersteigen. Der Körper »antwortet« mit Stressreaktionen, um auf die erhöhten Anforderungen einer belastenden Situation entsprechend reagieren zu können. Ursprünglich war eine Stressreaktion eine sinnvolle Schutzreaktion vor Gefahren. Der Körper mobilisierte alle Reserven für Flucht oder Kampf, um z. B. Angriffe von wilden Tieren zu überleben. Hirnphysiologisch meldete das Großhirn dem Zwischenhirn: Lebensgefahr! Dieses erregte daraufhin den Sympathikusnerv, welcher die Botschaft an die Hormondrüsen, insbesondere an die Nebennieren, weiterleitete. Die Nebennieren schütteten die Hormone Adrenalin und Noradrenalin aus. Beide Stoffe beschleunigten den Blutdruck und den Herzschlag. Das Blut fließt dadurch schneller und stärker durch die Muskelregionen und versorgt sie mit Zucker, dem Treibstoff des Körpers.

Auch heute noch existiert diese Alarmreaktion, auch wenn sich die Gefahren stark verändert haben. Das Alarmzentrum im Gehirn ist nicht in der Lage, zwischen körperlicher und seelischer Bedrohung zu unterscheiden, und löst auch bei erwarteten »Bedrohungen« eine Hormonausschüttung aus.

Auch in der Einzeltherapie ist es wichtig, dem Patienten klarzumachen, dass Stress eine wichtige schützende Signalfunktion hat, die nicht ignoriert werden sollte.

Transaktionales Stressmodell nach Lazarus
Das transaktionale Stressmodell von Lazarus geht davon aus, dass die Reaktion auf äußere Stressfaktoren maßgeblich von den Gedanken, Beurteilungen und Bewertungen einer Person in der jeweiligen Situation bestimmt wird. Wenn die Anforderungen, die an eine Person gestellt werden, die persönlichen Möglichkeiten und Ressourcen (wie z. B. Selbstvertrauen, Kompetenz usw.) nach eigener Einschätzung übersteigen, entsteht Stress.

Somit besteht eine Abhängigkeit zwischen Stressreaktion und wahrgenommenen Ressourcen.

Die Reaktion wird umso stärker sein, je ungünstiger die subjektive Ressourcenbewertung ausfällt.

Die Stressreaktion beinhaltet bestimmte Emotionen (z. B. Angst, Anspannung, Ärger etc.), körperliche Veränderungen (Atmung, Hormonausschüttung, Muskelanspannung) und das beobachtbare Verhalten einer Person (z. B. Selbst- und Fremdaggression, Flucht etc.). Worauf es dann ankommt, damit das Hormonsystem nicht entgleist, ist, dass nach einer mehrtägigen oder gar mehrwöchigen Phase der Anspannung eine Zeit der erfolgreichen Stressbewältigung folgt.

Unter Stressbewältigungsmaßnahmen versteht man jegliches Verhalten, das darauf ausgerichtet ist, den Stresszustand zu beenden.

Welche Bewältigungsstrategien ausgewählt werden, hängt von unterschiedlichen Faktoren ab. Die Grundannahme ist, dass Stressbewältigungsmaßnahmen weitgehend erlernt sind.

Dieses Lernen vollzieht sich vermutlich vorwiegend nach dem Prinzip »Lernen am Erfolg« und durch »Modelllernen«.

Auch Lernen durch Einsicht spielt wahrscheinlich eine wichtige Rolle. Man unterteilt die Bewältigungsstrategien in »funktional« und »dysfunktional«, d. h. nachhaltig erfolgversprechend oder ungünstig/erfolglos in Bezug auf eine Problemlösung, oder vom eigentlichen Problem lediglich ablenkend. Je erfolgreicher die verwendete Lösungsstrategie, desto besser fällt, wie bereits erwähnt, die Neubewertung einer Situation aus.

In der Einzeltherapie ist es sinnvoll, eigene Stresssituationen mithilfe des Modells zu analysieren und dabei den Bezug zur Biografie des Patienten herzustellen. Hierdurch kann er nachvollziehen, ob die erlernte Stressverarbeitungstechnik in der Gegenwart noch funktional ist.

Einzelarbeit

Am Ende der 1. Sitzung wird der Stressverarbeitungsfragebogen ausgeteilt, den es bis zur nächsten Stunde zu bearbeiten gilt. Durch Verwendung des SVF 120 als diagnostisches Instrument können die einzelnen Strategien individuell und auch im Vergleich mit anderen erfasst werden. Der Fragebogen ist über die Hogrefe-Testzentrale zu beziehen. Im Modul fand er zeitweise Anwendung, einerseits um den Teilnehmern ihre Profile zu zeigen, andererseits auch, um weitere wissenschaftliche Arbeiten zum Thema Burnout zu ermöglichen. Der Einsatz des Testinstruments ist keine Bedingung für das Modul, wohl aber seine theoretischen Grundlagen.

> Ziel der Einzelarbeit ist es, den Patienten durch Selbsteinschätzung ihre bisherigen Stressbewältigungsstrategien aufzuzeigen, wodurch sie erkennen sollen, dass die meisten langfristig nicht erfolgversprechend bzw. schädigend sind.

Sitzung 2

Psychoedukation

Anleitung für den Gruppenleiter

Man unterscheidet zwischen aktiver und passiver sowie direkter und indirekter Stressbewältigung:

Stressbewältigung	direkt	indirekt
aktiv	z. B. Achtsamkeit	z. B. persönliche Abgrenzung
passiv	z. B. vermehrtes Engagement	z. B. Suchtverhalten

Passiv-direkte Bewältigungsstrategien wie Rückzug oder gerade vermehrtes Engagement gelten selbst als Teil des Burnouts.

Das gilt auch für passiv-indirekte Bewältigungsstrategien wie Suchtverhalten oder ›krank machen‹.

Günstiger erscheint eine aktiv-direkte Bewältigung in Form von direkter Beeinflussung von Stressfaktoren, zum Beispiel durch Einsatz von Ressourcen wie Organisationstalent, um die Arbeitsverteilung günstig zu verändern, Achtsamkeit und Entspannungstechniken wie Autogenes Training oder Progressive Muskelrelaxation nach Jacobsen.

Zur aktiv-indirekten Stressbewältigung gehören auch soziale Fertig- und Fähigkeiten wie zum Beispiel die Möglichkeit, sich abzugrenzen, Nein zu sagen, Ablehnung oder Kritik von anderen aushalten zu können oder sich durch die Aufnahme anderer Tätigkeiten innerhalb oder außerhalb der momentanen Arbeit abzulenken.

Während die Patienten in der Vergangenheit, wie bereits erwähnt, meistens ausschließlich dysfunktionale Entspannungsmöglichkeiten (Suchtverhalten, Rückzug) gewählt haben, soll ihnen während des Klinikaufenthalts oder in der ambulanten Therapie die Möglichkeit geboten werden, sich selbst aktive Entspannungsmöglichkeiten anzueignen. Die aktiv-indirekte Stressbewältigung führt wieder über die Analyse der Stress auslösenden Situation durch das SORC-Schema und dem Hinterfragen der Stress auslösenden Kognitionen. Zumeist sind diese nämlich nicht vereinbar mit dem neu erworbenen Lebensmotto/ Schema und den daraus sich ergebenden Fragen und Antworten wie z. B.: »Inwieweit hat die mir heute übertragene Aufgabe langfristig Auswirkungen auf mich?« »Ist die Situation wirklich so verfahren, wie ich denke?« »Belastet mich die gestellte Aufgabe längerfristig?« Die Entwicklung neuer funktionaler Gedanken hilft dem Patienten, kognitiv emotionalen Stress gar nicht erst entstehen zu lassen. Die Situation wird als weniger Stress auslösend und belastend empfunden.

Gruppenarbeit
Ein wichtiger Präventionsfaktor in Bezug auf Stressentstehung stellt ein vernünftiges Zeitmanagement dar. Die Patienten betrachten drei Kreise, die Werktag, Wochenende und Wunschtag darstellen, in Bezug auf ihre Zeiteinteilung (AB 11 – Modul 4). Die Gegenüberstellung der unterschiedlichen Tagesstrukturen von aktuellem Werktag, Wochenende und Wunschtag soll den Patienten veranschaulichen, dass sie sich zum einen kaum Zeit für Erholung gönnen, dass ein Werktag sich nicht oder nicht wesentlich von der Tagesstruktur eines Wochenendtages unterscheidet und dass beide Tagesstrukturen deutlich von der Struktur eines Wunschtages abweichen.

Um die Aufgabe zu verdeutlichen, kann der Gruppenleiter ein Tortendiagramm als Beispiel für die Gestaltung darstellen.

Kleines Experiment

Um deutlich zu machen, wie die individuelle Energie verteilt ist, besteht für jeden Teilnehmer die Möglichkeit, ein »kleines Experiment« zu machen.

Der Teilnehmer erhält eine kleine Porzellankanne mit 200 ml Wasser und ausreichend Gläser, um die Lebensbereiche darzustellen, die Energie brauchen. Die Lebensbereiche gliedern sich auf in Arbeit, Familie, Hobby, Entspannung und Sonstiges. Jedem Glas wird ein Bereich zugeteilt. Aufgabe ist, die Flüssigkeit auf alle Gefäße zu verteilen. Manchmal stellt er fest, dass die Kanne schon leer ist, bevor alle Gefäße befüllt waren.

Nach der ersten Verteilung macht der Teilnehmer eine Bestandsaufnahme und überprüft, ob er mit seiner Verteilung zufrieden ist. In der Regel entdecken viele Teilnehmer, dass die Gläser, die für den Leistungsbereich stehen, die meiste Flüssigkeit enthalten. Das Glas, welches die Energie für sich selbst repräsentiert, ist selten voll, meistens ist es leer. In der zweiten Übung kann der Teilnehmer so lange umverteilen, bis er mit dem jeweiligen Flüssigkeitsstand zufrieden ist.

Die Übung erzeugt neben einer kognitiven Einsicht auch eine emotionale Erfahrung, die vor allem dadurch entsteht, dass der Teilnehmer bewusst und gezielt Veränderungen vornehmen und damit Einfluss nehmen kann.

Ziel der Gruppenarbeit ist es, den Patienten zu vermitteln, dass es gilt, die Tagesstruktur aktiv zu verändern. Dabei soll klar werden, dass eine Umstrukturierung zu erkennen bedeutet, dass für ein Mehr an eigener Erholung eine Reduktion in anderen Bereichen wie Arbeit usw. vonnöten ist.

Sitzung 3

Psychoedukation

Anleitung für den Gruppenleiter

Ein wichtiger Faktor zur Vermeidung eines Burnout-Syndroms oder zur Rückfallprävention ist die Nutzung von persönlichen Ressourcen. Die Sitzung befasst sich mit der Bewusstmachung persönlicher Ressourcen, die es wieder zu aktivieren oder neu zu entdecken gilt, da das Burnout-Syndrom als äußerster Fall aufgebrauchter persönlicher Ressourcen aufgefasst wird. Unter Ressourcen versteht man die einer Person zur Verfügung stehenden, von ihr genutzten oder beeinflussten schützenden und fördernden Kompetenzen und äußeren Handlungsmöglichkeiten. Diese Komponenten der Beanspruchungsoptimierung ermöglichen es, Situationen zu beeinflussen und unangenehme Einflüsse zu reduzieren. Gemeint sind innere Potenziale eines Menschen wie beispielsweise Fähigkeiten, Erfahrungen, Talente, Stärken usw. Sie können von Patienten als Kraftquellen genutzt werden, um Stress zu vermeiden, die Freizeit für die Selbstfürsorge zu nutzen und den Heilungsprozess als Ganzes zu fördern.

Einzelarbeit

Die Patienten sollen zur Erschließung der persönlichen Ressourcen sich selbst auf dem Arbeitsblatt (AB 12 – Modul 4) folgende Fragen beantworten:

- Welche Stärken habe ich?
- Welche besonderen Qualitäten habe ich?
- Was kann ich besser als andere?
- Womit beschäftige ich mich normalerweise aus eigenem Antrieb?
- Was würde ich gerne mal (wieder) tun?
- Was könnten andere von mir lernen?
- Was schätzen andere Menschen an mir?

Ziel der Einzelarbeit ist es, sich der eigenen Kraftquellen bewusst zu werden, um diese zukünftig zur Prävention einzusetzen.

Psychoedukation

Anleitung für den Gruppenleiter

Menschen, die an Burnout leiden, haben meistens über längere Zeit ihre eigenen Bedürfnisse und Gefühle zu sehr zurückgestellt und die Wahrnehmung für die eigenen Bedürfnisse verloren. Ausreichende Selbstfürsorge zurückzugewinnen gehört daher zur Behandlung und Prävention. Selbstfürsorge drückt sich in einer inneren Haltung der Wertschätzung sich selbst gegenüber aus. Sie bedeutet, achtsam mit seinen Bedürfnissen, Gefühlen und Kräften umzugehen mit dem Ziel, die eigene Gesundheit an Körper, Geist und Seele zu erhalten.

Somit gehören die achtsame Wahrnehmung angenehmer Gefühle, die Erzeugung angenehmer Gefühle und deren Reflexionen zur persönlichen Selbstfürsorge. Nachfolgend werden kurz Techniken zur Selbstfürsorge vorgestellt, die die Lebensqualität jedes Einzelnen verbessern können.

Achtsamkeitstherapie (AB 13 – Modul 4)
Basierend auf den Arbeiten von Jon Kabat-Zinn, der die Methode der achtsamkeitsbasierten Stressminderung begründete, üben die Teilnehmer unter Anleitung, ihre Aufmerksamkeit bewusst und mit Absicht auf das aktuelle Erleben zu richten, von Moment zu Moment. Sie üben, das, was sie wahrnehmen, nicht zu bewerten und alles, »was den Geist erreicht«, erst einmal ohne Vorurteil anzunehmen. »Augen auf und dabei« statt »Augen zu und durch«. Kabat-Zinn spricht davon, dass viele Menschen in einer Art Alltagstrance leben. Sie seien wie von einem Autopiloten gesteuert und steuerten nicht selbst. Gefördert wird dieses entfremdete Leben von einer Kultur, die durch ihr »Reizbombardement« Menschen aus dem Lot bringt und diejenigen als tüchtig ansieht, die 1000 Dinge gleichzeitig tun können.

Verbesserung der Entspannungsfähigkeit durch das Training
von Progressiver Muskelrelaxation (PMR)
Alle Teilnehmer lernen im Rahmen des stationären oder ambulanten Angebots alle Schritte des PMR unter Anleitung. Sie werden dazu angehalten, die Übungen zunehmend eigenständig durchzuführen, um diese jederzeit abrufen und anwenden zu können.

Tagebuch »Positive Ereignisse«
Alle Teilnehmer werden eingeladen, ein Tagebuch anzulegen, um dort jeden Tag Ereignisse einzutragen, die ein positives Gefühl erzeugt haben. Ziele dieser Tagebuchführung sollen sein, dass sich die Teilnehmer bewusst mit positiven Gefühlen beschäftigen und üben, diese wahrzunehmen. Außerdem sollen angenehme Gefühle vom Leistungsgedanken abgekoppelt werden. Positiv erlebte Gefühle im Umgang mit anderen Menschen sollen vertieft werden mit dem Ziel: »Ich werde gemocht, weil ich so bin, wie ich bin.«

Liste angenehmer Aktivitäten
Jeder Teilnehmer erstellt sich eine eigene Liste mit angenehmen Aktivitäten, die er einsetzen kann, um sein Gefühl positiv zu verändern. Eine Beispielliste ist im Anhang als Anregung zu finden.

Ziel von Modul 4
Am Ende des Moduls sollten die Patienten wissen:
- was man unter Stress versteht
- welche konstruktiven Stressbewältigungsstrategien existieren
- wie ein sinnvolles Zeitmanagement aussieht
- welche präventiven Ressourcen sie besitzen
- wie sie ihre Selbstfürsorge verbessern können.

MODUL 5: Sinn- und Wertfragen

Ziel des Bausteins
- Beschäftigung mit den eigenen Lebenszielen (Was sind/waren meine Lebensziele?)
- Was habe ich/hatte ich für Lebensträume?
- Wie habe ich mir mein Leben vorgestellt?
- Wo stehe ich heute?
- Welchen Sinn könnte ein Burnout zum jetzigen Zeitpunkt für mich ganz persönlich haben?

Anleitung für den Gruppenleiter
Das Modul 5 ist kein klassisch verhaltenstherapeutisches Thema, da Fragen aus der Philosophie und der existenziellen Psychotherapie zum Einsatz kommen. In Hinblick auf die Themen Sinn und Werte wird es keine abschließenden Ergebnisse oder falsche und richtige Aussagen geben. Wir nutzen das Modul vor allem, um die Teilnehmer anzuregen, sich mit Zielen, Wünschen, Lebensträumen auseinanderzusetzen und in der Gruppentherapie miteinander darüber ins Gespräch zu kommen.

1. Sitzung

Bei der Arbeit mit den Betroffenen wird deutlich, dass die bestehende Burnout-Symptomatik immer auch Sinn- und Wertfragen aufwirft.

Viele der Teilnehmer beschreiben, dass sie den Sinn in ihrem Tun verloren haben.

Teilnehmerbericht:

> Früher habe ich für meine Arbeit gelebt. Ja wirklich; Arbeit war mein Leben. Jetzt, wo ich so erschöpft bin und nicht mehr kann, fürchte ich mich davor, wieder an meinen Arbeitsplatz zurückzukehren. Und das, obwohl ich so gerne da war und alles für meine Arbeit getan habe. Mittlerweile frage ich mich, ob das alles so richtig war und ich nicht vieles andere vernachlässigt habe. Meine Frau, meine Kinder – ich habe mir immer eine Familie gewünscht. Jetzt, wo ich eine habe, habe ich die meiste Zeit in der Firma verbracht.

In Fragebogenstudien mit dem Maslach Burnout Inventory[1] (Maslach & Jackson 1986). und einem Instrument zur Messung der inneren Sinnerfüllung und der existenziellen Frustration (LOGO-Test von Elisabeth Lucas 1986) zeigten sich gut belegte Zusammenhänge zwischen den Burnout-Werten und den Werten des LOGO-Tests. Hieraus wird ein Zusammenhang zwischen »innerem Ausbrennen« und Sinnverlust hergestellt. Die Frage nach der Ursache dieses Zusammenhangs und dessen Wirkung kann noch nicht beantwortet werden.

Für näheres Interesse verweisen wir auf Studien der Universität Innsbruck. Diese sind auf der Website des Instituts für Psychologie einzusehen. (www.sinnforschung.org)

Im Laufe der Behandlung sind immer wieder ähnliche Fragen bei den Gruppenteilnehmern aufgetaucht wie z. B.:

»Wie habe ich mein Leben bis dato gestaltet? Bin ich zufrieden mit dem Leben, das ich gerade führe? Wie ist meine weitere Perspektive? Wie will ich mein weiteres Leben gestalten, wenn die Kinder aus dem Haus sind, wenn ich mich beruflich weniger engagiere, wenn ich nicht mehr meine ganze Wertschätzung aus dem Beruf ziehe? Wie viel Zeit bleibt mir wahrscheinlich noch im Leben und wie will ich diese verbringen?«

Um diesen Anliegen Rechnung zu tragen, haben wir das Modul Sinn- und Wertfragen mit aufgenommen.

Alle Teilnehmer werden angeregt, sich mit folgenden Fragen zu beschäftigen:
Anhang: AB 15 – Modul 5

1. Was sind/waren meine Lebensziele?
2. Wie habe ich mir meinen Lebensweg vorgestellt?
3. Wo stehe ich gerade?
4. Bin ich auf dem Weg zu meinen Lebenszielen?
5. Was gibt mir in meinem Leben einen Sinn?
6. Wie passt mein Burnout in mein persönliches Lebenskonzept?
7. Welchen Sinn könnte mein Burnout für mich haben?

---

[1] Das MBI ist über diverse Webseiten im Internet zu bekommen. Hogrefe vertreibt den Test nicht.

Die Antworten können entweder individuell erstellt oder auch exemplarisch in der Gruppe erarbeitet werden. Wichtig erscheint uns, die Auseinandersetzung mit den eigenen Lebenszielen anzuregen, da dies erfahrungsgemäß bei fast allen Burnout-Betroffenen eine wichtige Rolle spielt.

> **Anleitung für den Gruppenleiter**
> Mögliche Übung:
> Zur Auseinandersetzung mit den Fragen setzen wir eine Imaginationsübung ein.
> Die Teilnehmer sollen sich vorstellen, dass sie 80 Jahre alt sind. In einem Schaukelstuhl sitzend, sind sie umringt von Kindern, die sich nach dem Verlauf ihres Lebens erkundigen. Folgende Fragen werden gestellt:
> Wie würden Sie Ihr Leben beschreiben? Gibt es etwas, was Sie besonders gerne erzählen möchten? Gibt es was, was Sie auf gar keinen Fall erzählen möchten?
> Wie zufrieden waren Sie mit Ihrem bisherigen Leben? Gibt es etwas, das Sie anders machen würden, wenn Sie erneut die Möglichkeiten dazu hätten? Was würden Sie genauso machen, wie Sie es getan haben?

Unsere bisherigen Erfahrungen mit diesem Modul sind, dass viele Betroffene feststellen, dass sie von ihren Zielen abgekommen sind und »einen ganz anderen Weg beschritten haben«. Wieder andere erkennen für sich, dass sie gerade auf einer »Umleitungsstrecke« unterwegs sind. Vielen wird klar, dass sie bestimmte Ziele schon lange erreicht haben und nun keine weiteren Ziele für sich bestimmt haben.

MODUL 6: Burnout-Rückfallprophylaxe

Ziel des Bausteins
- Was sind meine persönlichen Belastungsfaktoren?
- Was sind Marker, die mir anzeigen, dass ich mich in Richtung Burnout bewege?
- Welche individuellen Problemlösestrategien stehen mir zur Verfügung?
- Wie will ich mit einem »potenziellen Rückfall in alte Verhaltensmuster« umgehen?
- Wie kann ich diesen stoppen?

Am Schluss der Behandlung steht die Arbeit an der Rückfallprophylaxe. Durch gezielte Anleitung sollen die Teilnehmer befähigt werden, sich auf potenzielle Risikosituationen vorzubereiten. Dazu werden alle Erfahrungen, Erkenntnisse und das Wissen aus den vorangegangenen Modulen zusammengetragen, um individuelle Problemlösestrategien zu entwickeln und diese bei Bedarf um- und einzusetzen.

1. Sitzung

Anleitung für den Gruppenleiter
Vor der Erstellung des Notfallplans erfolgt noch einmal eine Zusammenfassung aller Module und deren Inhalte. AB 16 – Modul 6

Modul 1
Was sind meine persönlichen Symptome? Wie war der Krankheitsverlauf bei mir persönlich? Welche Warnzeichen gibt es oder gab es in der Vergangenheit?

Modul 2
Welche Schemata, Lebensmottos prägen mich und meine Persönlichkeit? Welche meiner Persönlichkeitsanteile begünstigen bei mir Burnout?

Modul 3
Wie gehe ich mit meinen Emotionen um? Welche Emotionen sind bei der Entstehung von Burnout maßgeblich beteiligt?

Modul 4
Wie gehe ich persönlich mit Stress um? Was sind meine konstruktiven und was meine destruktiven Strategien?

Welche Ressourcen habe ich persönlich, um mir Entlastung zu verschaffen und einen emotionalen, geistigen und körperlichen Ausgleich bei hoher Belastung zu bewirken?

Modul 5
Welche persönlichen Lebensziele habe ich? Wo will ich mich in einem Jahr, wo in fünf Jahren, wo in zehn Jahren sehen?

Modul 6
Unter Beantwortung aller gestellten Fragen und Nutzung der Informationen, Erkenntnisse und Erlebnisse wird ein ganz persönlicher Notfallplan erstellt.

Ein wichtiger Bestandteil dieses Moduls ist, Signale oder sogenannte Marker zu definieren, die Hinweise geben, dass sich »alte Verhaltensmuster« wieder einschleichen (z. B. Pausenzeiten nicht mehr einhalten, zunehmend Überstunden machen, Rückzug von Familie und Freunden …).

Um diese leichter definieren zu können, nutzen wir Arbeitsblätter aus dem Buch »Verhaltenstraining zur Stressbewältigung« von Angelika Wagner-Link (2010).

Das Buch von Frau Wagner-Link empfehlen wir auch allen Interessierten, wenn es um die Hintergrundinformationen zum Thema Stress und um die Verbesserung der eigenen Stressbewältigungsfähigkeit geht.

Für die Rückfallprophylaxe nutzen wir primär die Arbeitsblätter zur »Erkennung von Überforderung« (AB 17 – Modul 6) und zum »Erkennen von Stresssignalen« (AB 19 – Modul 6), um mit den Teilnehmern ihre persönlichen Marker zu identifizieren.

2. Sitzung

Anzeichen von Überforderung   AB 17 – Modul 6
Aus Wagner-Link (2010), Verhaltenstraining zur Stressbewältigung

Beispiele für kognitive Überforderungsreaktionen
Konzentrationsstörungen, Merk- und Gedächtnisstörungen, Leistungsstörungen, eingeschränkte Flexibilität, Albträume, Aufmerksamkeitsstörungen …

Beispiele für emotionale Überforderungsreaktionen
Aggressionsbereitschaft steigt, Nervosität, Gereiztheit, Unzufriedenheit, Unausgeglichenheit, Ängstlichkeit, Unsicherheit, Gefühl des Ausgebranntseins, Lustlosigkeit, innere Leere …

Beispiele für vegetative Überforderungsreaktionen
Herz-Kreislauf-Beschwerden, hoher Blutdruck, Schlafstörungen, chronische Müdigkeit, erhöhte Infektanfälligkeit, Verdauungsbeschwerden …

    Danach werden eigene Marker erarbeitet.

3. Sitzung: Identifikation von Stress-Signalen   B 18 – Modul 6
Aus Wagner-Link (2010), Verhaltenstraining zur Stressbewältigung

Kognitive Reaktionen:
»Das schaff ich nicht.«
»Das geht schief.«
Blackout
Gedanken an Flucht
Konzentrationsmangel
Gedächtnisstörungen
Gedankenkreisen

Emotionale Reaktionen:
Angst
Schreck
Panik
Nervosität
Verunsicherung
Ärger
Wut
Reizbarkeit
Versagensgefühle

Vegetative Reaktionen:
Trockener Mund
Kloß im Hals
Herzklopfen/Herzstechen
Blutdruckanstieg
Flaues Gefühl im Magen
Übelkeit, Erbrechen
Schwitzen
Erröten

Muskuläre Reaktionen:
Fingertrommeln
Starre Mimik
Zittern
Zähneknirschen
Schultern hochziehen
Füße scharren
Zucken
Spannungskopfschmerz

Vegetative Reaktionen:
Kurzatmigkeit
Tränen
Weiche Knie
Engegefühl in der Brust

Muskuläre Reaktionen:
Stottern

Verhaltensbezogene Reaktionen:
Herumschreien
Weglaufen
Angreifen
Dinge zertrümmern
Unkoordiniert Aufgaben erledigen

4. Sitzung

Alle Teilnehmer erhalten eine Anleitung zur Erstellung ihres persönlichen Notfallplans.

> **Anleitung für den Gruppenleiter**
>
> Um die Erarbeitung zu erleichtern, sollten mit den Teilnehmern möglichst konkrete Beispiele für die einzelnen Fragen gesammelt werden. Je individueller der Notfallplan ist und umso mehr persönliche Faktoren darin berücksichtigt werden, umso effektiver wird die Prophylaxe sein. Der Notfallplan ist ein dynamisches Konzept, welches immer wieder aktualisiert und verändert werden kann, damit es die jeweilige Lebenssituation berücksichtigt.

Anleitung zur Erstellung eines persönlichen Notfallplans

AB 19 – Modul 6

Was sind meine persönlichen Stressfaktoren?
Äußere Stressoren:
Bsp.: Zeit- und Termindruck, viele verschiedene Aufgaben …

Innere Stressoren:
Bsp.: eigener Leistungsanspruch ist sehr hoch, Wunsch nach Perfektion, Angst vor Fehlern …

Welche Gedanken, Gefühle kenne ich in Verbindung mit meinen Stressoren?
Bsp.: Hilflosigkeit, Ärger, Ohnmacht

Was sind meine persönlichen Marker (Signale), an denen ich erkennen kann, dass ich mich erneut in Richtung Burnout bewege?
Bsp.: keine Pausen, Vergesslichkeit, Gereiztheit …

Was werde ich dagegen unternehmen? Welche Strategien habe ich mir erarbeitet?
Bsp.: Kurzentspannung, kurze Auszeiten, Nordic Walking, Pausen, Atemübungen, Einstellungsänderungen …

Wie werde ich für einen Ausgleich zwischen Be- und Entlastung sorgen?

Welche Beruhigungsstrategien werde ich anwenden?

Welche Ablenkungsstrategien werde ich anwenden?
Bsp.: Kurzentspannung, Nordic Walking, Pausen, Atemübungen, Freunde treffen, lesen

An wen kann ich mich wenden, um Unterstützung zu bekommen?

Auf was will ich in diesen Situationen besonders achten?

Die individuellen Pläne können exemplarisch in der Gruppe besprochen werden.

> **Anleitung für den Gruppenleiter**
> **Nicht vergessen: Abschlussmessung**
> In der ersten Sitzung des Moduls 6 erhalten alle Teilnehmer zum zweiten Mal die folgenden Fragebögen, die sie bis zur (vor)letzten Sitzung bearbeitet mitbringen sollen:

- Die Symptom-Check-Liste 90 R von Derogatis (Franke 2002)
- Das Beck-Depressions-Inventar 2 von Beck (Hautzinger 2006)
- Die Burnout-Screening-Skalen von Hagemann und Geuenich (2010).

Die Auswertung wird mit jedem Gruppenteilnehmer einzeln besprochen. Je nach Art der Darstellung lassen sich entstandene Unterschiede (vorher – nachher) gut darstellen. Die Besprechung mit den einzelnen Teilnehmern hat sich als wichtig und notwendig herausgestellt, da sie so ein unmittelbares Feedback über stattgefundene Veränderungen bekommen können.

Abschlussgruppe
Vor Beendigung der Gruppe wird von allen Teilnehmern ein Feedback erfragt:

- Was nehme ich mir aus den Modulen mit?
- Was waren wichtige Anregungen für mich?
- Wo sehe ich für mich Veränderungsbedarf?
- Was hat mir gefehlt, z. B. an Informationen, an Themen?
- Gibt es Wünsche und/oder Anregungen für einzelne Module?

Anhang

Arbeitsblätter:

Modul 1 bis Modul 6

Abschlussbefragung

MODUL 1 – Handout Modul 1

Einblick in die eigene Krankheit gewinnen

Was ist Burnout?
»In Medizin und Wissenschaft gilt Burnout bislang als eine Störung, die mit sich verändernden Lebens- und Arbeitsbedingungen in Zusammenhang gebracht wird.«

> (HTA-Report 2009 DIMDI [Deutsches Institut für Medizinische Information und Dokumentation] [2009], ICD-10 – GM Version 2009), www.dimdi.de

Sie äußert sich unter anderem durch emotionale Erschöpfung, Selbstentfremdung oder Zynismus und eine verminderte Leistungsfähigkeit.

Betroffene leiden im fortgeschrittenen Stadium dauerhaft an seelischen und körperlichen Beschwerden. Dieser Zustand ist hauptsächlich durch Erschöpfung gekennzeichnet. Begleitsymptome sind Unruhe, Anspannung, gesunkene Motivation und reduzierte Arbeitsleistung. Die psychische Symptomatik entwickelt sich nach und nach, bleibt von den Betroffenen selbst oft lange unbemerkt. (HTA-Report »Differenzialdiagnostik des Burnout-Syndroms«, DIMDI, 2010)

Burnout wird in der internationalen Klassifikation nicht als eigenständige Krankheit beschrieben, sondern erscheint unter den Zusatzziffern »Probleme mit Bezug auf Schwierigkeiten bei der Lebensbewältigung«.

Trotz fehlender eindeutiger und offizieller Definition wird die Diagnose meist anhand bestimmter Symptome gestellt und behandelt. Manchmal wird auch von der »neuen Depression« oder von der »arbeitsbezogenen Depression« gesprochen.

Symptombeschreibungen
Für den Begriff Burnout existiert keine einheitliche wissenschaftliche Definition. Es gibt eine Reihe von Symptombeschreibungen, die im Folgenden aufgeführt sind:

- Dauerhaft bestehende Müdigkeit und Erschöpfung bei kleinsten Anforderungen
- Lustlosigkeit
- Gereiztheit
- Versagensgefühle
- Angst, den Anforderungen nicht mehr gerecht werden zu können
- Verzweiflungs- und Hoffnungslosigkeitsgefühle
- Zunehmende Motivationslosigkeit
- Schlafstörungen
- Konzentrationsstörungen
- Körperliche Beschwerden (Kopf, Rücken, Muskeln, Magen, Darm ...)

Zeitlicher Verlauf

Burnout verläuft in Phasen. Burnout verändert die eigene Wahrnehmung. Anfänglich war die persönliche Leistungsgrenze und deren Überschreitung mindestens auf körperlicher Ebene noch spürbar. Um keine Einschränkungen zu erleben, wurden alle diesbezüglichen inneren Impulse zunehmend ignoriert. Mittlerweile ist es kaum noch möglich, innere »Stopp-Impulse«, das Bedürfnis nach Erholung und Pausenzeiten, die Orientierung und das Ausleben eigener wichtiger Bedürfnisse außerhalb des Leistungssektors als solche einzuordnen und diese auch »ernst zu nehmen«.

7-Phasen-Modell des Burnout
1. Vermehrte idealistische Begeisterung
2. Distanz
3. Emotionalisierung
4. Abbau
5. Desinteressiertheit, Gleichgültigkeit
6. Depersonalisierung und körperliche Symptome
7. Rien ne va plus – Endzustand

Quelle: »Burnout AK Schule«, PD Dr. med. Kraus, 2008, 7-Phasen-Modell nach Burisch (2006)

Welche Auswirkungen hat Burnout auf das persönliche Umfeld des Betroffenen?

Die Beziehungen zum Lebenspartner, den Kindern, den Freunden, der Familie werden zunehmend schwierig. Es kommt zu gehäuften Konflikten, die als zusätzliche Belastungen erlebt werden. Gleichzeitig bietet z. B. der vermehrte Arbeitsaufwand eine Möglichkeit, den Konflikten auszuweichen. Dadurch eskalieren viele Konflikte und bleiben ungelöst. Der eigentliche Wunsch nach Entlastung kann nicht befriedigt werden, da z. B. der Arbeitsplatz oder die Arbeit in einem Verein eine »willkommene Fluchtmöglichkeit« darstellt, die nebenbei auch noch sozial akzeptiert ist.

Die eigenen Ressourcen werden zunehmend vernachlässigt und nicht mehr als Ausgleich und zur Erholung und Entspannung genutzt. Die freie Zeit dient ausschließlich der Erholung, soziale Kontakte nehmen ab und werden eher als Belastung erlebt. Dies kann zu völliger sozialer Isolation führen.

Zusammenfassung:

- Die erlebten Beschwerden und Symptome sind aufgrund ihrer Ähnlichkeit klassifizierbar.
- Sie unterliegen einem längeren zeitlichen Verlauf und sind phasisch aufgebaut.
- Sie gehen mit persönlich erlebten Veränderungen auf Physiologie, Emotionen und Kognitionen einher.
- Sie haben Auswirkungen auf das nähere und weitere soziale Umfeld und bedingen Verhaltensänderungen.

AB 1 – Modul 1

Der Übergang von Burnout zur depressiven Störung

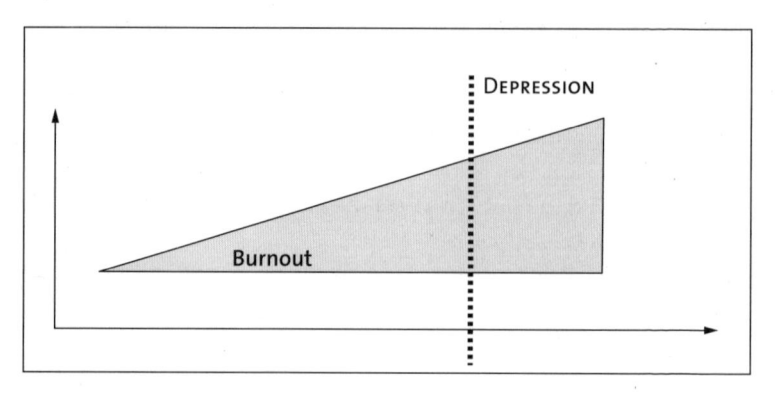

[Diagramm: Ein Dreieck, das von links unten nach rechts oben ansteigt, beschriftet mit "Burnout"; eine gestrichelte vertikale Linie trennt den Bereich "DEPRESSION" rechts ab.]

Nicht jedes Burnout muss zwangsläufig zu einer depressiven Störung werden.

Burnout

Bezieht sich oft auf einen oder wenige Lebensbereiche (z. B. Arbeit, Pflege von Angehörigen, G 8 …)

Zynismus, Sarkasmus, Aggression nehmen zu

Schleichender Beginn

Arbeitsfähigkeit ist noch lange erhalten

Urlaub, Erholung, Lebensstiländerungen können Verbesserung der Symptome erwirken

Depression

Betrifft alle Lebensbereiche

Schuldgefühle, Selbstvorwürfe

Oft plötzlicher Beginn

Häufig Arbeitsunfähigkeit

Medikamentöse Behandlung ist häufig nötig, um eine Verbesserung der Symptome zu erwirken

AB 2 – Modul 1

Welche Burnout-Auslöser gibt es?

A. Die aktuelle Situation, in der sich der Betroffene befindet
Diese kann z. B. der Arbeitsplatz sein. In diesem Zusammenhang wird häufig von sogenannten »*Zwickmühlen*« gesprochen, in denen sich der Betroffene befindet und aus denen er keinen Ausweg sieht.

B. Die eigene Person mit ihrem persönlichen »Strickmuster« und verschiedenen Persönlichkeitsanteilen
Hier wären Persönlichkeitsanteile, wie z. B. emotionale Labilität, starker Idealismus, starker Altruismus, Omnipotenzerleben, ausgeprägte Rationalisierung, Perfektionismus, stark erhöhtes Kontrollbedürfnis und mangelnde Selbstachtung zu nennen.

C. Der persönliche Mechanismus im Umgang mit hoher Belastung
Hier könnte z. B. die Fähigkeit, Nein zu sagen, bei Stress und Anforderungen die eigenen Grenzen weit zu überschreiten, genannt werden.

Den größten Einfluss haben Sie auf sich selbst: auf Ihre Einstellungen, auf Ihre Kognitionen und vor allem auf Ihr Verhalten:

Wer heute den Kopf in den Sand steckt, knirscht morgen mit den Zähnen.

AB 3 – Modul 1

Erklärungsmodelle zur Entstehung von Depression

Modell der erlernten Hilflosigkeit (Seligman 2000)

Eine Person lernt und erlebt Hilflosigkeit, wenn subjektiv bedeutsame Ereignisse unkontrollierbar erscheinen. Das eigene Verhalten und dessen Konsequenzen in der Umwelt erscheinen unabhängig voneinander.

Die Person lernt: Egal, was ich tue, es führt zu nichts! Mein Handeln hat keine Konsequenzen. Dies gilt auch dann, wenn in einer neuen Situation objektiv Kontrolle möglich ist. Die »Hilflosigkeitserfahrung« wird auf die neue Situation generalisiert.

Diese Erfahrung der Nichtkontrolle führt zu motivationalen, kognitiven und emotionalen Veränderungen, die sich auch physiologisch und vegetativ auswirken und den Veränderungen bei Depressionen ähnlich sind.

Das Modell der kognitiven Triade von Beck

Unter Kognition verstehen wir die Art und Weise, wie ein Mensch Informationen verarbeitet. Die Informationsverarbeitung ist geprägt durch individuelle Lebens- und Lernerfahrungen, durch die persönliche Selektion der Informationen, durch verknüpfte Erinnerungen. Entscheidend ist also nicht, was wir an Information aufnehmen, sondern wie wir die aufgenommene Information verarbeiten.

Im Modell der kognitiven Triade stehen kognitive Verzerrungen im Mittelpunkt. Die Art und Weise, wie ein Mensch Situationen wahrnimmt und bewertet, trägt entscheidend dazu bei, wie sein dazugehöriges Erleben ist.

Die hier zum Ausdruck kommende Konstellation von Denkmustern wird als kognitive Triade bezeichnet, die sich aus einer pessimistischen Sicht von sich selbst, der Welt und der Zukunft zusammensetzt.

Typische kognitive Fehler bei Burnout und depressiver Symptomatik

1. Willkürliche Schlussfolgerungen

Ohne sichtbaren Beweis oder sogar trotz Gegenbeweisen werden willkürlich Schlussfolgerungen gezogen, z. B.: »Es läuft wieder mal alles schief, ich bin zu nichts zu gebrauchen.«

2. Übergeneralisierung
Aufgrund eines Vorfalls wird eine allgemeine Regel aufgestellt, die unterschiedslos auf ähnliche und unähnliche Situationen angewendet wird, z. B.: »Ich habe heute versagt, ich werde immer versagen.«

3. Dichotomes Denken
Denken in Alles-oder-nichts-Kategorien, z. B.: »Entweder man kriegt es sofort hin, oder man lernt es nie.«

4. Personalisierung
Ereignisse werden ohne klaren Grund auf sich selbst bezogen, z. B.: »Mein Chef hat bestimmt wieder so schlechte Laune wegen mir.«

5. Selektive Abstraktion
Einige Einzelinformationen werden verwendet und überbetont, um eine Situation zu interpretieren. Damit werden bestimmte Informationen auf Kosten anderer überbewertet. Zum Beispiel wenn jemand, der von allen gegrüßt wird, von jemand nicht beachtet wird und denkt, dass ihn keiner mag.

6. Maximieren und Minimieren
Negative Ereignisse werden übertrieben und positive Ereignisse untertrieben, z. B.: »Dass ich einen bestimmten Abschluss hinbekommen habe, ist nichts wert. Aber, dass der Kunde heute noch nicht zurückgerufen hat, zeigt, dass ich ein schlechter Verkäufer bin!«

Das Modell von Lewinsohn
Im lerntheoretischen Modell von Lewinsohn spielt das Thema Verstärkung eine wesentliche Rolle bei der Entstehung von Depressionen und Burnout.

Verstärkung wird als Konsequenz auf ein Verhalten verstanden. Je nachdem, ob ein Verhalten positiv oder negativ verstärkt wird, wird sich die Auftretenswahrscheinlichkeit in einer ähnlichen Situation verstärken oder verringern.

Durch die Erschöpfung bzw. eine Antriebsschwäche werden zunehmend weniger positive Aktivitäten ausgeführt, die zu einem zufriedenen und ausgeglichenen Befinden führen. Dadurch werden Erfolgserlebnisse weniger und wiegen irgendwann die Anforderungen und Belastungen des Alltags nicht mehr auf. Es entsteht ein Ungleichgewicht zwischen Be- und Entlastung, weil die Rate an positiven Verstärkern weniger geworden ist.

Z. B. geht durch strukturelle Veränderungen am Arbeitsplatz die zuvor bestandene Autonomie verloren, es gibt weniger Lob und Anerkennung. Es entstehen neue Werte, mit denen sich der Arbeitnehmer nicht identifizieren kann (Beispiel: Quantität geht vor Qualität). Die Arbeit, die ihm zuvor Freude und Zufriedenheit verschafft hat, mit der er sich identifizieren konnte, gibt es nicht mehr. Dadurch sind mehrere positive Verstärker gleichzeitig verloren gegangen.

Jeder Mensch hat ein gewisses Repertoire, um Verstärker zu erhalten, z. B. durch Leistung, gute Ausbildung, Bereitschaft zur Mehrarbeit. Bei Burnout nimmt die Leistungsfähigkeit im Verlauf ab. Leistungsbereitschaft war vor der Erschöpfung ein Mittel, um positive Verstärkung zu bekommen. Dies ist nun nicht mehr möglich.

Was ist die Folge?
Mit der Zeit nimmt die eigene Kompetenz ab, Verstärker zu erlangen und einzusetzen. Dadurch wird eine *Abwärtsspirale* ausgelöst.

AB 4 – Modul 2

Verhaltensanalyse: Ausgangspunkt der Therapie

Bevor in der Therapie auf die Probleme und Schwierigkeiten des Betroffenen eingegangen werden kann, wird in der Verhaltensanalyse ermittelt,

- welche Probleme und Schwierigkeiten genau vorliegen *(präzise Beschreibung der Probleme)*,
- was sie aufrechterhält, verstärkt, abschwächt *(Bedingungen der Probleme)*,
- welche Bedeutung evtl. körperliche Krankheiten, die Einnahme von Drogen, Medikamenten, Alkohol, Nikotin und das Bestehen von Lebensmottos auf die Probleme haben *(Organismus-Variablen)*,
- welche Versuche der Patient gemacht hat, um die Probleme selbst zu bewältigen *(Selbstkontrollversuche)* und
- wie die Probleme entstanden sind *(Genese der Probleme)*.

Diese Informationen werden zu einem Bedingungsmodell, dem sogenannten SORK-Modell, zusammengetragen, das die vermuteten Zusammenhänge zwischen den Problemen und Schwierigkeiten, ihren Bedingungen und ihren Konsequenzen enthält.

- **S:** Situation, Reize
- **O:** Organismus → körperlicher und geistiger Zustand (z. B. Gesundheitszustand, körperliche Krankheiten, Drogen- und Medikamentenmissbrauch, Überzeugungen und Lebensmottos)
- **R:** Reaktion
  - Gedanken
  - Gefühle
  - körperliche Prozesse
  - Verhalten
- **C:** Konsequenzen
  - kurzfristig
  - langfristig
- **K:** Kontingenzen (Frage: Erfolgen immer die gleichen Konsequenzen auf dieselbe Situation?)

Situation (S)	Reaktion (R)	Konsequenzen (C)
	Gedanken:	Kurzfristig:
	Gefühle:	
	Körper:	Langfristig:
	Verhalten:	

AB 5 – Modul 2

Lebensmottos/Schemata (Teil der Organismus-Variable)

Ein wichtiger Aspekt der Burnout-Therapie sind Kognitionen. Kognitionen umfassen Einstellungen, Gedanken, Bewertungen und Überzeugungen. Man geht davon aus, dass die Art und Weise, wie wir denken, bestimmt, wie wir uns fühlen und verhalten und wie wir körperlich reagieren.

Schwerpunkte der Therapie bilden somit:

- die Bewusstmachung von Kognitionen
- die Überprüfung von Kognitionen und Schlussfolgerungen auf ihre Angemessenheit
- die Korrektur von irrationalen Einstellungen
- Transfer der korrigierten Einstellungen ins konkrete Verhalten

Die aktive Gestaltung des Wahrnehmungsprozesses steht somit im Vordergrund. Nicht die objektive Realität, sondern die subjektive Sicht der Dinge, also die Wahrnehmungsselektion und die Wahrnehmungsbewertung, sind entscheidend für das Verhalten.

Affekt und Verhalten sind weitgehend von der Art bestimmt, wie der Mensch die Welt strukturiert.

Menschen, die an einem Burnout-Syndrom bzw. an einer Depression leiden, haben in vielerlei Hinsicht ihre eigene Art zu denken.

Sie haben oft ein negatives Selbstbild, beurteilen sich selbst als fehlerhaft, unzulänglich, wertlos und nicht liebenswert.

Diese Kognitionen gehen so weit, dass der Betroffene denkt, ihm fehlen Eigenschaften, um glücklich zu sein. Außerdem neigt er dazu, sich zu unterschätzen und zu kritisieren.

Erfahrungen werden in der Regel negativ interpretiert, subjektiv werden überwiegend Enttäuschungen und Niederlagen empfunden, und auch die Zukunftserwartung ist negativ geprägt. Eine Veränderung der gegenwärtig empfundenen Situation wird ebenso wenig als möglich angenommen wie eine eigene Beteiligung an dieser.

Die genannten Kognitionen gehen auf »Lebensmottos« sog. Schemata zurück, die aus vergangenen Erfahrungen entstanden sind. Schemata sind hier stabile kognitive Verarbeitungsmuster, die sich in der Kindheit und Jugend herausgebildet haben. Sie können für längere Zeit inaktiv sein, aber durch bestimmte Umweltereignisse (z. B. Stresssituationen) reaktiviert werden.

Ein Beispiel für ein typisches »Lebensmotto« eines Burnout Betroffenen wäre: »Ich bin hilflos.«

AB 6 – Modul 2

Annäherungsziele

Schätzen Sie bitte im Folgenden ein, inwieweit die unten aufgeführten Begriffe für Sie im Laufe Ihres Lebens erstrebenswert waren, weil es Ihnen so beigebracht oder vorgelebt wurde oder weil sie die Erkenntnis für sich selbst gewonnen haben. Besonders wichtig ist hierbei die Frage nach den Lernprozessen in der Kindheit, da diese die frühesten und damit zumeist die einprägsamsten sind.

Bsp.: Stellen Sie sich die Frage: Wurde mir beigebracht, dass man auf jeden Fall nach Bindung zu anderen Menschen streben sollte? Wurde mir explizit oder implizit vermittelt: Intimität/Bindung ist wahnsinnig erstrebenswert?

Schätzen Sie bitte jeden der unten aufgeführten Begriffe danach ein, ob Ihnen vermittelt wurde »Strebe nach …« oder nicht. Spielte der Begriff keine Rolle, vergeben Sie die 1. Spielte der Begriff für Ihre Kindheit, aber auch für Ihr weiteres Leben eine wichtig Rolle? Dann geben Sie ihm eine 2.

nicht relevant 1
außerordentlich wichtig 2

Intimität/Bindung	Leistung
Affiliation/Geselligkeit	Kontrolle
Altruismus	Bildung/Verstehen
Hilfe	Glauben/Sinn
Anerkennung/Bestätigung	Abwechslung
Status	Selbstvertrauen
Autonomie	Selbstbelohnung

AB 6 – Modul 2

Vermeidungsziele

Welche der unten aufgeführten Begriffe sollten Sie in jedem Fall vermeiden, weil Sie es so gelernt haben, etc. ... Auch hier steht v. a. die Kindheit im Mittelpunkt, für die man sich die Frage stellen sollte: War ich dazu angehalten, Begriff X zu vermeiden? Sollte man etwas unbedingt vermeiden, dann bekommt es den Wert 2. Spielte der Begriff keine Rolle in Ihrem Leben, so geben Sie ihm die 1.

nicht relevant 1
außerordentlich schlimm 2

Alleinsein/Trennung	
Geringschätzung	
Erniedrigung/Blamage	
Vorwürfe/Kritik	
Abhängigkeit/ Autonomieverlust	
Verletzungen/Spannungen	
Schwäche/Kontrollverlust	
Hilflosigkeit	
Versagen	

AB 7 – Modul 2

Behandlung von Burnout auf gedanklicher Ebene

Die Ursachen für die Entstehung eines Burnout sind vielfältig. Eine wichtige Rolle spielen hierbei eigene maladaptive Überzeugungen, die das Denken und somit das Fühlen und Handeln bestimmen, aber auch wie man sich körperlich fühlt.

Diese sog. »Lebensmottos« erwirbt man durch Lernerfahrung direkt oder indirekt in der Kindheit, Jugend, aber auch im Erwachsenenalter. Sie werden vermittelt von Eltern, anderen wichtigen Bezugspersonen, Freunden, Schule oder Lebensereignissen etc.

Dabei ist zu beobachten, dass bei den meisten Burnout-Patienten zunächst das Annäherungsschema/-motto »Strebe nach Leistung« später dann das Vermeidungsschema/-motto »Vermeide Versagen/Geringschätzung« handlungsleitend ist.

Es handelt sich in vielen Fällen um Menschen, die sehr leistungsorientiert erzogen worden sind und für Erfolge Anerkennung und für Misserfolge Ablehnung erhalten haben. Wichtig ist es zu erkennen, dass bei Vorliegen eines Burnout-Syndroms diese Mottos in den verschiedensten Situationen aktiv sind und dazu führen, dass man sich schlecht und minderwertig fühlt, da man ein selbst gestecktes Ziel nicht erreichen kann.

Mithilfe von Verhaltensanalysen sollen genau diese Situationen identifiziert werden.

Hat man erst einmal erkannt, welcher automatische Gedankenprozess eingeleitet wird, kann man nach der Bewusstmachung der Situationen die Wahrnehmung dieser verändern: Statt der ursprünglichen, meist selbst abwertenden Gedanken sollen Alternativerklärungen gefunden werden, z. B. statt »mein Kollege grüßt mich nicht, der hat was gegen mich, ich bin ihm unsympathisch« → »mein Kollege scheint heute aber sehr in Gedanken zu sein, das hat nichts mit mir zu tun«. Um eine Veränderung der Schemata zu erreichen, muss man diese Art der Veränderung von Gedanken üben, indem man immer wieder Situationen analysiert und nach und nach die Generierung von Alternativerklärungen automatisiert.

Das Motto ist also: Bewusstmachen, innehalten, hinterfragen und üben, üben und noch mal üben:

- Situation:
- Organismus:
- Reaktion:
    - Gedanken (Achtung: Alternativgedanke entsprechend neuem Lebensmotto!):
    - Gefühle:
    - Körper:
    - Verhalten:
- Konsequenz:
    - kurzfristig:
    - langfristig:

MODUL 3 – Handout 2

Burnout auf emotionaler Ebene

Burnout geht häufig mit einer unrealistischen Idee von Kontrolle und Einflussnahme einher. Bergner (2010) sieht hierin sogar einen wesentlichen Persönlichkeitsfaktor, der an der Entstehung von Burnout maßgeblich beteiligt ist.

Diese Idee der Kontrolle bezieht sich häufig auch auf den Bereich der Emotionen. »Wenn ich meine Gefühle nicht zeige und gut unter Kontrolle habe, dann wird niemand erkennen, wie es mir wirklich geht.«

Das Erleben von Gefühlen und vor allem der Ausdruck von Gefühlen werden mit Schwäche verbunden. Zudem bestehen Ängste, angreifbar und verletzbar zu werden, wenn »ich zeige, wie es mir geht«.

Erkenntnisse aus der Emotions- und aus der Gehirnforschung geben einen guten Überblick darüber, was während emotionaler Prozesse in uns abläuft.

Wie entstehen Gefühle?
Zu den wichtigsten Zentren der Entstehung und Regulation von Emotionen gehören *die Amygdala, der Präfrontalkortex, der Hippocampus, der Hypothalamus und der Nucleus accumbens*. Alle gemeinsam werden unter dem Begriff »limbisches System« zusammengefasst.

Der *älteste Teil* des Gehirns ist das *Stammhirn*. Hier sind *basale Prozesse* wie z. B. *Atmung und Kreislauf und die reflexhafte Steuerung von motorischen Aktivitäten* angelegt.

Die limbischen Areale sind jünger als das Stammhirn, aber wesentlich älter als die kognitiven Zentren im Gehirn.

Die Steuerung des Verhaltens von Primaten und entfernter Verwandter der Menschen basiert zum überwiegenden Teil auf subkortikalen, emotionalen Prozessen.

Eine kognitive Beeinflussung hat sich erst in der Neuzeit entwickelt und ist damit immer abhängig von emotionalen Prozessen.

Die Verhaltensweisen von Menschen werden demzufolge entscheidend von emotionalen Gehirnzentren beeinflusst, die sich über Millionen von Jahren weitgehend erhalten haben.

Die Hirnforschung hat mittlerweile viele Erkenntnisse über die Entstehung und die Auswirkungen von Emotionen erforscht.

Entscheidend ist, dass emotionale Prozesse kognitive Prozesse wesentlich leichter beeinflussen können, als dies umgekehrt der Fall ist.

Emotionale Prozesse können ohne vorhergehende bewusste oder unbewusste kognitive Prozesse ablaufen.

Bsp.: Eine »nebenbei gehörte Musik« kann Erinnerungen hervorrufen, die mit Emotionen verbunden sind, ohne dass der Betroffene dies bemerkt. Er spürt nur, ob er traurig, fröhlich, wütend etc. ist, weiß aber nicht warum.

Emotionale Prozesse mit niedriger Intensität können kognitive Prozesse aktivieren.

Bsp.: Ein wahrgenommenes Gefühl von Traurigkeit wird dazu verwendet, an traurige Ereignisse zu denken, sich gedanklich mit den Erinnerungen daran zu beschäftigen.

Emotionale Prozesse mit hoher Intensität können kognitive Prozesse hemmen.

Bsp.: Prüfungsangst – das limbische System ist aktiviert, die Amygdala signalisiert Gefahr – der Hypothalamus löst die notwendigen körperlichen Reaktionen für Flucht oder Angriff aus – die Funktionen des Präfrontalkortex sind eingeschränkt. Logisches Denken, Problemlösefähigkeiten stehen nicht zur Verfügung.

Kognitive Prozesse können Emotionen auslösen und auch Emotionen hemmen. Allerdings nicht in dem Ausmaß, wie es umgekehrt möglich ist.

Kognitive Prozesse können Emotionen auslösen.
Bsp.: Kognition »Ich schaffe das nicht!« löst Angst aus, erzeugt Herzklopfen, Schwitzen etc.

Kognitive Prozesse können Emotionen hemmen.
Bsp.: Angstkreislauf – im Verlauf des Angstkreislaufs kommt es zu einer Steigerung der Angst, durch die Wahrnehmung von verstärkten körperlichen Reaktionen. Diese wiederum lösen Bewertungen aus, die die Angst und die körperlichen Reaktionen darauf weiter verstärken. Diese werden wahrgenommen und bewertet, wodurch sich die Angst weiter steigert …

Das kognitive Wissen um den Verlauf kann dazu beitragen, dass der Kreislauf nicht stattfindet.

Gefühle haben unterschiedliche Funktionen:

- Sie dienen als Warnhinweis oder Signal
- Negative Emotionen sind ein Signal zur Verhaltensveränderung, da durch sie ein unangenehmes Erleben beendet werden kann
- Sie mobilisieren uns zu Handlungen
- Dienen zur Orientierung und Kontrolle
- Dienen dem Lustgewinn bzw. dem Vermeiden von Unlust
- Sie haben eine Mitteilungsfunktion
- Sie helfen bei der Verarbeitung von Erlebnissen
- Ohne emotionales Erleben sind wir entscheidungsunfähig

Gefühle zeigen die Befriedigung oder die Frustration von Bedürfnissen an.

AB 8 – Modul 3

Wechselwirkung zwischen Emotionen und Kognitionen

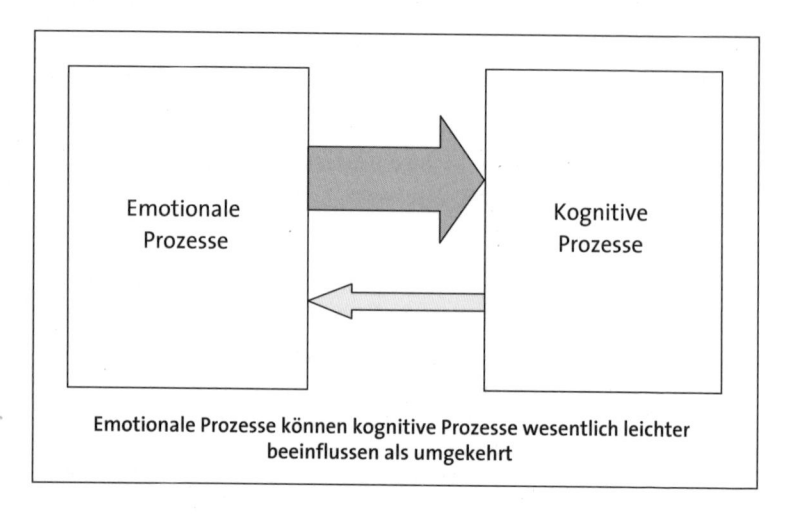

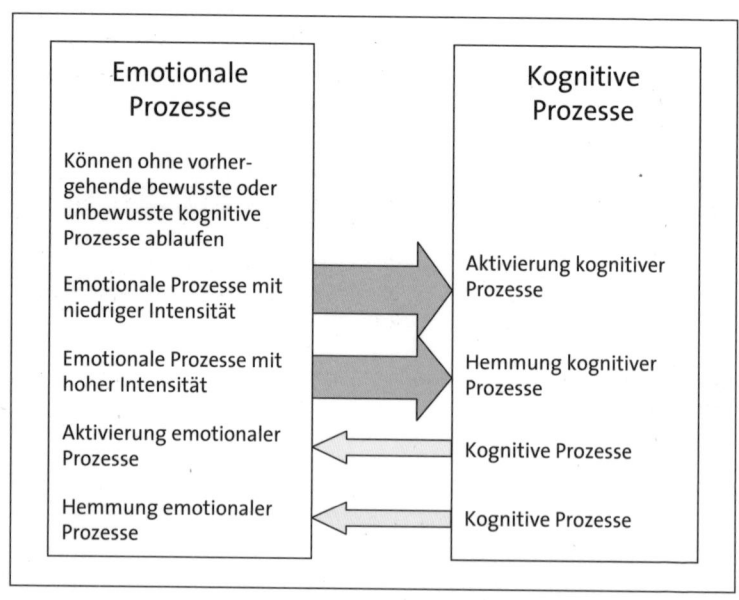

Emotionale Prozesse → **Kognitive Prozesse**

Emotionale Prozesse können kognitive Prozesse wesentlich leichter beeinflussen als umgekehrt

Emotionale Prozesse	Kognitive Prozesse
Können ohne vorhergehende bewusste oder unbewusste kognitive Prozesse ablaufen	
Emotionale Prozesse mit niedriger Intensität	→ Aktivierung kognitiver Prozesse
Emotionale Prozesse mit hoher Intensität	→ Hemmung kognitiver Prozesse
Aktivierung emotionaler Prozesse ←	Kognitive Prozesse
Hemmung emotionaler Prozesse ←	Kognitive Prozesse

AB 9 – Modul 3

A-B-C-Modell

Um den Teilnehmern die individuelle Bewertung und die entsprechenden Konsequenzen von ausgewählten Situationen zu verdeutlichen, wird gemeinsam das A-B-C-Schema erarbeitet.

		Hilfsfragen
Ausgangssituation **A**	Objektive Beschreibung der Situation	Was geschieht jetzt gerade mit meinen Gedanken? Was geschieht jetzt gerade mit meinem Gefühl? Wie würde jemand anderes, ohne Vorwissen, die Situation wahrnehmen und beschreiben?
Persönliche Bewertung **B**	Alle bewussten und verdeckten Gedanken in der Situation	Persönliche Sichtweise: Was sehe ich mit meiner persönlichen Geschichte und meiner Vorstellung in der Situation A? Schlussfolgerung und vermutliche Konsequenzen: Welche Schlussfolgerungen ziehe ich aus meiner persönlichen Sichtweise der Situation? Welche Konsequenzen vermute ich? Bewertung: Wie finde ich diese?
Konsequenzen **C**	Welche Konsequenzen hat meine Bewertung auf: Mein Gefühl? Mein Handeln?	Konsequenz für Gefühl: Welches Gefühl habe ich nach der Beantwortung von B? Konsequenz für Verhalten: Was genau tue ich nun? Wie verhalte ich mich?

(Quelle: aus Stavemann [2008] KVT-Praxis: Strategien und Leitfäden für die kognitive Verhaltenstherapie)

AB 10 – Modul 3

Spaltentechnik

Situation/ Ereignis	Automatische Bewertung/ Automatische Gedanken	Gefühle	Alternative, hilfreichere Gedanken	Alternative Gefühle

AB 11 – Modul 4

Präventive Maßnahmen gegen Burnout

Zeitmanagement
Zeichnen Sie bitte in dem vorgegebenen Kreis Ihre Zeiteinteilung an einem für Sie »*üblichen Werktag*« ein.

Zeichnen Sie bitte in dem vorgegebenen Kreis Ihre Zeiteinteilung an Ihrem »*freien Tag*« ein.

Zeichnen Sie bitte in dem vorgegebenen Kreis Ihre Zeiteinteilung an »*Ihrem Wunschtag*« ein.

AB 12 – Modul 4

Präventive Maßnahmen gegen Burnout

Persönliche Ressourcen

Zur Erschließung Ihrer persönlichen Ressourcen ist es hilfreich, sich folgende Fragen zu beantworten:

Welche Stärken habe ich?

_____

Welche besonderen Qualitäten habe ich?

_____

Was kann ich besser als andere?

_____

Womit beschäftige ich mich normalerweise aus eigenem Antrieb?

_____

Was würde ich gerne mal (wieder) tun?

_____

Was könnten andere von mir lernen?

_____

Was schätzen andere Menschen an mir?

_____

AB 13 – Modul 4

Achtsamkeit

Mit Achtsamkeit ist eine geistige Einstellung gemeint, in der man sich um ein breites und gleichmütig-akzeptierendes Achtgeben auf alle Phänomene bemüht, die »im Geist«, also »in« der Wahrnehmung oder Vorstellung (»im Bewusstsein«) auftauchen: Gedanken aller Art wie Erinnerungen oder sonstige Vorstellungen, Sinneswahrnehmungen aus der Umgebung sowie aus dem eigenen Körperinneren einschließlich aller emotionalen Vorgänge.

Einübung und Entwicklung einer derart breiten Achtsamkeit ermöglicht psychologisch ein offenes und umfassendes Gewahrwerden – und mit der Zeit schließlich auch beständiges Gewahrbleiben – aller geistigen Vorgänge einschließlich eines unablässigen Gewahrseins seiner Wahrnehmungen vom eigenen Handeln und Verhalten in der jeweiligen Umwelt.

Achtsamkeit heißt, alles, was im gegenwärtigen Moment geschieht, bewusst wahrzunehmen, ohne zu urteilen. Oft verliert man den gegenwärtigen Augenblick aus den Augen, die einzige Zeit, in der man handeln und die man erleben kann. Wenn sich die Gedanken nur noch in der Zukunft oder der Vergangenheit befinden, ist es nicht mehr möglich, präsent zu sein, weder bei kleinen noch bei großen Ereignissen – das Leben rauscht förmlich vorbei, ohne gelebt zu werden.

Durch Achtsamkeit ist es möglich, innezuhalten und die Atmung, den Körper und die Gedanken aufmerksam wahrzunehmen, ohne sie direkt beurteilen oder verändern zu wollen. Dadurch ist ein tieferes Verständnis für sich selbst möglich. Man erkennt, dass man auch in stressigen oder kritischen Situationen wach und aufmerksam handeln kann, ohne sich in der Situation zu verlieren und nur noch automatisch zu reagieren.

Diese Art der Aufmerksamkeit steigert das Gewahrsein und fördert die Klarheit sowie die Fähigkeit, die Realität des gegenwärtigen Augenblicks zu akzeptieren. Sie macht uns die Tatsache bewusst, dass unser Leben aus einer Folge von Augenblicken besteht. Wenn wir in vielen dieser Augenblicke nicht völlig gegenwärtig sind, so übersehen wir nicht nur das, was in unserem Leben am wertvollsten ist, sondern wir erkennen auch nicht den Reichtum und die Tiefe unserer Möglichkeiten, zu wachsen und uns zu verändern.

AB 14 – Modul 4

Anleitung für Achtsamkeitsübungen

Sie setzen sich hin.
Am besten an einem Ort, wo Sie für eine Weile ungestört sind. Das kann z. B. Ihr Büro, Ihre Couch, Ihr Sessel, Ihr Auto, Ihr … sein.

Sie schließen die Augen.
Das hat den Vorteil, dass Sie keine optischen Informationen verarbeiten müssen.

Sie richten Ihre Aufmerksamkeit auf Ihren Körper.
Zum Beispiel auf Ihre Füße. Spüren Ihren Rücken, wie er gegen die Lehne drückt. Nehmen Ihre Hände wahr. Spüren Ihren Atem usw.

Sie richten Ihre Aufmerksamkeit auf Ihre Gefühle.
Versuchen zu spüren, wie es Ihnen gerade geht. In welcher Stimmung Sie gerade sind.

Sie richten Ihre Aufmerksamkeit auf Ihre Gedanken.
Stellen Sie sich vor, Sie sollten Ihre Gedanken aufschreiben. Dazu müssten Sie beobachten, was für Gedanken auftauchen.

Dann nehmen Sie einen tiefen Atemzug und öffnen wieder die Augen.
Das kann nach drei Minuten sein oder nach zehn Minuten, ganz wie Sie wollen.
    Achtsamkeit hat kein Ziel. Es gibt nichts zu verbessern oder zu verändern. Sie können damit sich anders kennenlernen, vielleicht einen anderen Kontakt zu sich finden.

Konkret heißt das während der Achtsamkeit:

Sie müssen nichts verändern.
Angenommen, Sie bemerken eine Anspannung im Körper. Sie brauchen jetzt nichts tun, um sich zu entspannen. Es reicht, die Anspannung wahrzunehmen, vielleicht genauer zu untersuchen. Aber alles

ohne Druck, etwas erreichen zu müssen. Die Anspannung, Ihren Ärger oder einen Gedanken einfach nur wahrzunehmen, genügt. Achtsamkeit ist ein Weg, um etwas zu entdecken, nicht um es zu verändern. Paradoxerweise kann sich gerade durch dieses »Nicht-Tun« viel verändern.

Sie müssen nichts erklären.
Angenommen, Sie spüren eine Spannung im Rücken. Sie müssen jetzt nicht erklären, woher die kommt (schlecht geschlafen, zu wenig Bewegung, Bandscheibenvorfall). Achtsamkeit ist die Erlaubnis, etwas einfach wahrzunehmen, was da gerade ist. Es ist keine Anamnese- oder Diagnosemethode.

Sie müssen nichts bewerten.
Im Autopilotmodus vergleichen und bewerten wir unaufhörlich. In der Achtsamkeit ist das nicht nötig. Was Sie innerlich beobachten (Körperempfindungen, Gefühle, Gedanken), brauchen Sie also nicht zu bewerten (»Das klappt prima/überhaupt nicht.« »Ich kann so was nicht.« etc.). Wenn Sie bewertende Gedanken beobachten, macht nichts. Sie lassen sie einfach vorüberziehen.

AB 15 – Modul 5

Sinn- und Wertfragen

1. Was sind/waren meine Lebensziele?
   _____

2. Wie habe ich mir meinen Lebensweg vorgestellt?
   _____

3. Wo stehe ich gerade?
   _____

4. Bin ich auf dem Weg zu meinen Lebenszielen?
   _____

5. Was gibt mir in meinem Leben einen Sinn?
   _____

6. Wie passt mein Burnout in mein persönliches Lebenskonzept?
   _____

7. Welchen Sinn könnte mein Burnout für mich haben?
   _____

AB 16 – Modul 6

Zusammenfassung aller Module

Modul 1
Was sind meine persönlichen Symptome? Wie war der Krankheitsverlauf bei mir persönlich? Welche Warnzeichen gibt es oder gab es in der Vergangenheit?

Modul 2
Welche Schemata, Lebensmottos prägen mich und meine Persönlichkeit? Welche meiner Persönlichkeitsanteile begünstigen Burnout?

Modul 3
Wie gehe ich mit meinen Emotionen um? Welche Emotionen sind bei der Entstehung von Burnout maßgeblich beteiligt?

Modul 4
Wie gehe ich persönlich mit Stress um? Was sind meine konstruktiven und was meine destruktiven Strategien?
Welche Ressourcen habe ich persönlich, um mir Entlastung zu verschaffen und einen emotionalen, geistigen und körperlichen Ausgleich bei hoher Belastung zu bewirken?

Modul 5
Welche persönlichen Lebensziele habe ich? Wo will ich mich in einem Jahr, wo in fünf Jahren, wo in zehn Jahren sehen?

Modul 6
Unter Beantwortung aller gestellten Fragen und Nutzung der Informationen, Erkenntnisse und Erlebnisse erstelle ich mir einen Notfallplan.

AB 17 – Modul 6

Anzeichen von Überforderung
(Aus Wagner-Link [2010], Verhaltenstraining zur Stressbewältigung)

Beispiele für kognitive Überforderungsreaktionen
Konzentrationsstörungen, Merk- und Gedächtnisstörungen, Leistungsstörungen, eingeschränkte Flexibilität, Albträume, Aufmerksamkeitsstörungen …

Beispiele für emotionale Überforderungsreaktionen
Aggressionsbereitschaft steigt, Nervosität, Gereiztheit, Unzufriedenheit, Unausgeglichenheit, Ängstlichkeit, Unsicherheit, Gefühl des Ausgebranntseins, Lustlosigkeit, innere Leere …

Beispiele für vegetative Überforderungsreaktionen
Herz-Kreislauf-Beschwerden, hoher Blutdruck, Schlafstörungen, chronische Müdigkeit, erhöhte Infektanfälligkeit, Verdauungsbeschwerden

AB 18 – Modul 6

Identifikation von Stress-Signalen

Kognitive Reaktionen:	**Emotionale Reaktionen:**
»Das schaff ich nicht.«	Angst
»Das geht schief.«	Schreck
Blackout	Panik
Gedanken an Flucht	Nervosität
Konzentrationsmangel	Verunsicherung
Gedächtnisstörungen	Ärger
Gedankenkreisen	Wut
	Reizbarkeit
	Versagensgefühle

Vegetative Reaktionen:	**Muskuläre Reaktionen:**
Trockener Mund	Fingertrommeln
Kloß im Hals	Starre Mimik
Herzklopfen/Herzstechen	Zittern
Blutdruckanstieg	Zähne knirschen
Flaues Gefühl im Magen	Schultern hochziehen
Übelkeit, Erbrechen	Füße scharren
Schwitzen	Zucken
Erröten	Spannungskopfschmerz
Kurzatmigkeit	Stottern
Tränen	
Weiche Knie	
Engegefühl in der Brust	

Verhaltensbezogene Reaktionen:
Herumschreien
Weglaufen
Angreifen
Dinge zertrümmern
Unkoordiniert Aufgaben erledigen

Aus Wagner-Link (2010), Verhaltenstraining zur Stressbewältigung

AB 19 – Modul 6

Anleitung zur Erstellung eines persönlichen Notfallplans

Was sind meine persönlichen Stressfaktoren?
Äußere Stressoren:
Beispiel: Zeit- und Termindruck, viele verschiedene Aufgaben …

Innere Stressoren:
Beispiel: Eigener Leistungsanspruch ist sehr hoch, Wunsch nach Perfektion, Angst vor Fehlern …

Welche Gedanken, Gefühle kenne ich in Verbindung mit meinen Stressoren?
Beispiel: Hilflosigkeit, Ärger, Ohnmacht

Was sind meine persönlichen Marker (Signale), an denen ich erkennen kann, dass ich mich erneut in Richtung Burnout bewege?
Beispiel: Keine Pausen, Vergesslichkeit, Gereiztheit …

Was werde ich dagegen unternehmen? Welche Strategien habe ich mir erarbeitet?
Beispiel: Kurzentspannung, kurze Auszeiten, Nordic Walking, Pausen, Atemübungen, Einstellungsänderungen …

Wie werde ich für einen Ausgleich zwischen Be- und Entlastung sorgen?

Welche Beruhigungsstrategien werde ich anwenden?

Welche Ablenkungsstrategien werde ich anwenden?
Beispiel: Kurzentspannung, Nordic Walking, Pausen, Atemübungen, Freunde treffen, lesen

An wenn kann ich mich wenden, um Unterstützung zu bekommen?

Auf was will ich in diesen Situationen besonders achten?

Abschlussgruppe

Wir bedanken uns bei Ihnen für Ihr Interesse und für Ihre Mitarbeit.

Um das Angebot immer wieder auf seine Tauglichkeit zu prüfen, sind wir froh über Ihr Feedback. Deshalb würden wir uns freuen, wenn Sie uns die folgenden Fragen beantworten. Besten DANK.

Was nehme ich mir aus den Modulen mit?

_____

Was waren wichtige Anregungen für mich?

_____

Wo sehe ich für mich Veränderungsbedarf?

_____

Was hat mir gefehlt, z. B. an Informationen, an Themen?

_____

Gibt es Wünsche und/oder Anregungen für einzelne Module?

_____

Dank

Wir möchten uns bei allen Gruppenteilnehmern bedanken, die durch ihre Mitarbeit, ihr Interesse und ihre konstruktiven Rückmeldungen zum Gelingen und zur Weiterentwicklung unseres Programms beigetragen haben.

Außerdem bedanken wir uns bei Chefarzt PD Dr. med. Thomas Kraus, der die Initialzündung für den Behandlungsschwerpunkt Burnout gab.

Wir danken auch Dr. phil. Ralf T. Vogel, der durch seine supervisorische Arbeit in der Frankenalb-Klinik die Entstehung des Moduls 5: Sinn- und Wertfragen angeregt hat.

Und zuletzt natürlich dem Team der Station 3-Ost, Frankenalb-Klinik Engelthal, die sich mit großem Engagement und Einsatz um die Patienten kümmern.

Engelthal, im September 2011 *Stefanie Weimer*
Maureen Pöll

Frankenalb-Klinik Engelthal
Fachklinik für Psychiatrie und Psychotherapie
Reschenbergstraße 21
91238 Engelthal
www.frankenalbklinik.de

Literatur

APA; American Psychiatric Association (2000). Diagnostic and statistical Manual of mental disorders (4thed Text-revised). Washington DC: Author

Beck, Aron et al. (1999). Kognitive Therapie der Depression. Beltz, Weinheim

Bents, Hinrich (2005). Verhaltenstherapie bei Angststörungen. Psychotherapie im Dialog, 6 (4), 382–389

Bergner, Thomas M.H. (2010). »Burnout-Prävention – das 12-Stufen-Programm zur Selbsthilfe.« Schattauer, Stuttgart

Burisch, Matthias (2006). Das Burnout-Syndrom. Springer, Heidelberg & Berlin

Beck, Aron et al. (2001). Kognitive Therapie der Depression. Beltz, Weinheim

Cherniss, Cary (1999). »Jenseits von Burnout und Praxisschock.« Beltz, Weinheim

Dilling, H., Mombour, W. & Schmidt, M.H. Internationale Klassifikation psychischer Störungen, ICD-10, Kapitel V (F). Klinisch-diagnostische Leitlinien, 5. durchgesehene und ergänzte Auflage. Hans Huber, Bern

DIMDI (Deutsches Institut für Medizinische Information und Dokumentation) (2009), ICD-10 – GM Version 2009

Edelwich, Jerry und Brodsky, Archie (1984). Ausgebrannt. Das Burnout-Syndrom in den Sozialberufen. AVM, Salzburg

Enzmann, Dirk und Kleiber, Dieter (1989). Helfer-Leiden – Stress und Burnout in psychosozialen Berufen. Asanger, Heidelberg

Enzmann, Dirk (1996). Gestresst, erschöpft, ausgebrannt. Einflüsse von Arbeitssituation, Empathie und Coping auf Burnout-Prozesse. Profil, München, Wien

Fengler, Jörg (2008). Helfen macht müde – Zur Analyse und Bewältigung von Burnout und beruflicher Deformation. 7. Auflage. Klett-Cotta, Stuttgart

Fliegel, Steffen und Kämmerer, Anette (2009). Psychotherapeutische Schätze I. 101 bewährte Übungen und Methoden für die Praxis. 7. Auflage. DGVT, Tübingen

Franke, G.H. (2002). SCL 90 R – Die Symptom-Checkliste von L.R. Derogatis. Hogrefe, Göttingen

Freudenberger, Herbert-J. und Richelson, Geraldine (1980). Ausgebrannt – Die Krise der Erfolgreichen – Gefahren erkennen und vermeiden. Kindler, München

Grawe, Klaus (2004). Neuropsychotherapie. Hogrefe, Göttingen,

Gusy, Burkhard (1995). Stressoren in der Arbeit. Soziale Unterstützung und Burnout – eine Kausalanalyse – Forschungsberichte Band 1. Profil, München, Wien

Hagemann, Wolfgang und Generich, Katja (2009). Burnout-Screening-Skalen BOSS. Hogrefe, Göttingen

Hautzinger, Martin (2003). Kognitive Verhaltenstherapie, 6. Auflage. Beltz, Weinheim

Hautzinger et al. (2006). Beck Depressionsinventar 2. Pearson, Frankfurt

Herrle, Johannes und Kühner, Christine (1994). Depression bewältigen. Beltz, Weinheim

Kabat-Zinn, John & Kierdorf, Theo (2010). Im Alltag Ruhe finden: Meditationen für ein gelassenes Leben. Knaur, München

Kaluza, Gerd (2010). Stressbewältigung – Trainingsmanual zur psychologischen Gesundheitsförderung. Springer, Heidelberg, Berlin, New York

Kanfer, Frederic, Reinecker, Hans, Schmelzer, Dieter (2005). Selbstmanagementtherapie. Springer, Heidelberg, Berlin, New York

Korczak, Dieter, Kister, Christine, Huber Beate (2010). Differentialdiagnostik des Burnout-Syndroms. Schriftenreihe HTA Band 105, GP Forschungsgruppe, Institut für Grundlagen- und Programmforschung München

Lazarus, Richard (1991). Emotion and Adaptation. Oxford University Press, Oxford

Lazarus (1974) in Wagner-Link, Angelika (2010). Verhaltenstraining zur Stressbewältigung – Arbeitsbuch für Trainer und Therapeuten. Klett-Cotta, Stuttgart

Margraf, Jürgen (2000). Lehrbuch der Verhaltenstherapie, Band 2. Springer, Heidelberg, Berlin, New York

Maslach & Jackson (1981). The measurement of experience Burnout. J. Occup. Behav. 2, 99–113

Pawletta, Sebastian (2011). Burnout – eine sozialwissenschaftliche Analyse. Unveröffentliche Diplomarbeit

Pines, Aronson & Kafry (1993). Ausgebrannt – Vom Überdruss zur Selbstentfaltung. Klett-Cotta, Stuttgart

Reinecker, H. (2003). Lehrbuch der Klinischen Psychologie: Modelle psychischer Störungen. Hogrefe, Göttingen

Roediger, Eckhard (2008). Praxis der Schematherapie: Grundlagen – Anwendungen. Schattauer, Stuttgart

Sammer, Ulrike (2006). Halten und Loslassen: Die Praxis der Progressiven Muskelentspannung. Patmos, Düsseldorf

Schmitz, E. und Hauke, G. (1994). Burnout und Sinnverlust. Integrative Therapie 3, 235–253

Schramm, Elisabeth & Klecha, Dorothea (2010). Interpersonelle Psychotherapie in der Gruppe. Schattauer, Stuttgart

Schwarzer, Ralf (2000). Streß, Angst und Handlungsregulation (4 ed.). Kohlhammer, Stuttgart

Seligman, Martin E. P., Rockstroh, Brigitte (2000). Erlernte Hilflosigkeit. Beltz, Weinheim

Spitzer, Manfred (2004). Gehirnforschung und die Frage: Was sollen wir tun? Spektrum Akademischer Verlag, Heidelberg

Weimer, Stefanie, Pöll, Maureen (2010). Unveröffentlichtes Manual: Kognitive Verhaltenstherapie bei Burnout

Weimer, Stefanie (2011), Herr L. – Diagnose Burn-Out. In Zeitschrift Psychotherapeut, Band 56, Heft 3, Mai 2011, 239–245

Wolfersdorf, Manfred (2007). Depression. Die Krankheit bewältigen. S. 85 Verstärker-Verlust-Modell der Depression nach Lewinsohn 1974, Balance-Ratgeber

Wolfersdorf, Manfred (1999), Entwicklungspsychiatrie. In: Biopsychologische Grundlagen und die Entwicklung. Herausgegeben von Beate Herpertz-Dahlmann et al., S. 148 ff., Stuttgart, Schattauer

Wilken, Beate (2008). Methoden der Kognitiven Umstrukturierung. Kohlhammer, Stuttgart

Yalom, Irvin D. (2010), Theorie und Praxis der Gruppenpsychotherapie. Ein Lehrbuch. 10. Auflage. Klett-Cotta, Stuttgart

Young, Jeffrey (2008). Schematherapie. Ein praxisorientiertes Handbuch. Junfermann, Paderborn

www.klett-cotta.de/lebenlernen

Jörg Fengler, Andrea Sanz (Hrsg.)
Ausgebrannte Teams
Burnout-Prävention und Salutogenese

Leben Lernen 235. 272 Seiten, broschiert. ISBN 978-3-608-89097-6

»Sehr empfehlenswert für alle, die mit Teams arbeiten sowie alle, die sich in dieses Thema vertiefen möchten.«
Lucie Rambauske-Martinek, Buchtips online

Angelika Wagner-Link
Verhaltenstraining zur Stressbewältigung
Arbeitsbuch für Therapeuten und Trainer

Leben Lernen 231. 266 Seiten, broschiert, großes Format inkl. CD mit Arbeitsblättern. ISBN 978-3-608-89095-2

Was löst Stress aus, lässt sich Stressenergie positiv nutzen, wie funktioniert Blitzentspannung und wie können wir den Umgang mit Stress im Alltag erlernen?

Diana Drexler
Das integrierte Stressbewältigungsprogramm ISP
Manual und Materialien für Therapie und Beratung

Leben Lernen 187. 280 Seiten, broschiert, inklusive CD-ROM mit vielen Arbeitshilfen. ISBN 978-3-608-89124-9

»Sehr empfehlenswert, weil es eine echte Bereicherung für die therapeutische Arbeit darstellt.«
I. Burtchen, Zeitschrift für Physiotherapeuten

Leben LERNEN
Klett-Cotta

www.klett-cotta.de/lebenlernen

Dagmar Ruhwandl
Erfolgreich ohne auszubrennen
Das Burnout-Buch für Frauen

131 Seiten, broschiert. ISBN 978-3-608-86102-0

»Ruhwandl geht vor allem auf drei zentrale Prinzipien weiblicher Burn-out-Prävention ein: Grenzen schneller erkennen, effektiver regenerieren und häufiger delegieren. ... Das Buch eignet sich sowohl zur eigenen Lektüre als auch zum Weiterschenken an Freundinnen, Kolleginnen, Nachbarinnen – je früher, desto wirksamer.«
Eva Tezner, Psychologie Heute

Gert Kaluza
Salute! Was die Seele stark macht
Programm zur Förderung psychosozialer Gesundheitsressourcen

Leben Lernen 242. 221 Seiten, broschiert, CD mit Kursmaterialien
ISBN 978-3-608-89114-0

»Eine gute Hilfe für Leiter von Gesundheits-Kursen, etwa im Rahmen von Angeboten der Erwachsenenbildung, der Krankenkassen oder der betrieblichen Gesundheitsförderung; darüber hinaus sicherlich auch für motivierte Kursteilnehmer interessant.«
Reinhold Heckmann, ekz

Leben LERNEN
Klett-Cotta